智元微库
OPEN MIND

成 长 也 是 一 种 美 好

反内耗沟通

老虎老师 著

8个方法
告别
不敢说、不会说

人民邮电出版社
北京

图书在版编目（CIP）数据

反内耗沟通：8个方法告别不敢说、不会说 / 老虎
老师著 . -- 北京：人民邮电出版社，2025. -- ISBN
978-7-115-67871-3

Ⅰ．C912.11-49

中国国家版本馆 CIP 数据核字第 2025SZ0759 号

◆　　著　老虎老师
　　责任编辑　杨汝娜
　　责任印制　周昇亮
◆ 人民邮电出版社出版发行　　北京市丰台区成寿寺路 11 号
邮编 100164　电子邮件 315@ptpress.com.cn
网址 https://www.ptpress.com.cn
天津千鹤文化传播有限公司印刷
◆ 开本：880×1230　1/32
印张：8.5　　　　　　　2025 年 8 月第 1 版
字数：180 千字　　　　2025 年 8 月天津第 1 次印刷

定　价：59.80 元
读者服务热线：（010）67630125　印装质量热线：（010）81055316
反盗版热线：（010）81055315

前言

在 2024 年美国纽约时装周的活动中，某自媒体博主向著名演员刘玉玲提了这样一个问题：女性在面对挑战时，如何保持优势地位。刘玉玲的回答让人印象深刻：**要学会说"不"，当你学会说"不"的时候，你的"是"才会更有力量**。

本书教给你的就是如何在恰当的时候，合理地说出"不"的沟通法。

2023 年 10 月 24 日，由我主讲的沟通课程在帆书❶App的"非凡精读馆"上线推出，到 2024 年 9 月底，播放量已超过 90 万次，学员留言达到 600 多条。课程上线后，我每天都会翻看学员的留言。在翻看的过程中，我产生了撰写本书的动机。

我们来看看两位学员的留言。

---

❶ 原樊登读书。

清欢：我是一个很容易妥协而且轻易不会说"不"的人，这需要我分出时间和精力去承担一些不属于自己的事情和责任，真是又心累又说不出为什么。看书和学习让我知道了讨好型人格的存在。我现在正在学习更多的方法和技巧，为了做内心强大且坚定的自己而努力。

樱桃：平时我就不喜欢和别人打交道，因为总是担心自己说错话。生活中我们不能太在乎别人，不要做讨好型的人，因为只要稍做让步，就等于把自己交付给了别人，我们应该经常提醒自己"我不在乎"。

看到学员的留言，基于我讲课的心得体会，我注意到，心理弱势的人在沟通中很容易陷入被动。

在生活和工作中，我都不是一个弱势的人，因此了解心理非弱势的人与他人沟通时的心理状态。这种心理状态恰恰是心理弱势的人需要了解、借鉴和平移的。

我从事播音教学 20 多年，主要深耕人际沟通与高效表达领域，无论是在我的个人生活经历中，还是在我指导学生和社会人士的过程中，作为见证者、指导者、辅助者，我看到过许多心理弱势的人突破自我，努力做到在沟通时坚定地表达自我的真实案例。这样的表达带来的心情的顺畅、看待事情的角度的转换、与他人相处方式的改变，使得他们的心理状态和精神风貌越来越好。

我在浏览留言的过程中，还发现了大家的一个共同烦恼——说起沟通，大家都受困于**要怎么开口说**。

事实上，无法做到坚持自我的沟通并不是说法和话术有问题，而是存在弱势心理。面对复杂的人际关系，如何保持清晰的自我边界，不被他人带着走？当感受到外界的压力时，又该如何忠实于内心所想，做到"我嘴说我心"？

需要看本书的人，是已经在日常的人际交往中意识到自己容易被他人说服，产生了不想委屈自己迎合他人的强烈意识，想努力改变自己，同时又可以改变自己的人。

本书共分为两个部分，第一部分深入解析非弱势沟通的核心原理，第二部分聚焦三大场景的实战应用——职场进阶、亲朋相处、亲密关系，帮你掌握既保持自我又能达到有效沟通的智慧。

曾因不会沟通而经历过人生至暗时刻的你，会因本书讲授的表达方法的影响，迎来崭新的太阳。

打开书，做一个会沟通的人吧！

目录

―――――― 第一部分　非弱势沟通的核心原则

1

第一章
▼
自信表达的心理基础

2

第二章

自信表达的七大准则

3

第三章

非弱势沟通的八大表达法

第二部分　非弱势沟通应用篇

第六章

6

亲密关系中的非弱势沟通

第一部分

非弱势沟通的核心原则

1

第一章 自信表达的
心理基础

如果在与他人沟通中，你经常会反思"我说的话，是不是太过分了"，本书就是为了这样的你而准备的！

不过，我要在开头强调的是，患有抑郁症、强迫症或焦虑症等心理疾病的人，请寻求专业人士的帮助。本书所提到的表达方法不适用于这些读者。

需要看本书的人，是已经在日常的人际交往中，意识到自己容易被他人说服，自身也有想摆脱现实情况的强烈意识，想努力改变自己，同时又可以改变自己的人。例如，朋友向你借车，你打心眼儿里不想借给他，但又不好意思直接回绝；你约了同学周五下班后一起吃饭，你的上司却临时让你加班三小时，你想拒绝，但不知道怎么回绝他；你已经买好了周末的电影票，同伴却说他和朋友约好了去打球，你不知道该如何与他沟通。

上面这些情况，就是你已经产生了"想拒绝，不想被对方操控"的心理，却不知道如何和对方说。本书可以帮助你解决这些问题。

本书不是教你强词夺理，不是让你和对方撕破脸、气势汹汹地大声说话，而是**唤醒处于弱势心理状态的你**，希望你回归正常表达的状态。

本书可以帮助你，**在和对方沟通时，遵循内心的想法不动摇，表达时不被对方牵着鼻子走，最终达到遵从内心所想的沟通目的。**

从被动到主动：
突破表达障碍的根源

有弱势心理的人，很容易在沟通时被别人裹挟，无法表达出自己的真实想法，这与能不能、会不会沟通无关。

我的一个学生，临近毕业时找到了心仪的工作。不巧的是，公司规定的入职时间有点儿早，他在学校还有一些事情要处理，需要请一周假。怎么和公司领导请假？学生因此内耗了五六天。

后来，学生和我说起这件事，我说："你和公司领导直说就可以。"

学生说："公司领导会不会觉得我对待工作不认真，不想马上上班呀？"

我问他："你是不是真的需要一周的时间来处理学校的事情？不管公司领导同意与否，你都没有办法马上去上班？"

学生说："是的。"

我说："既然这件事没有任何商量的余地，你就必须就这件事和公司领导沟通呀！"

从这个案例来看，事情本身并不复杂，学生把这件事情考虑得复杂了。从更深层次来分析，这个学生一直很听话，在家听父母的话，在学校听老师的话，他习惯于服从，他不敢违背别人的意见，丝毫没有意识到请假本身是正当的。

弱势心理使这个学生想了很多，猜测公司领导对自己的各种"不满"。可以想到，如果学生 A 和公司领导谈延迟一周去上班，一旦发现公司领导脸色不悦，他肯定立即改口说自己第二天就可以来上班。在这件事情上，学生没有摆脱弱势心理，就不会在别人面前说出自己的真实想法。

还有一种情况是，刚开始沟通时有自己的想法，但意志不坚定，说着说着不知不觉地就站在了对方的立场上。

与他人沟通时，有些人之所以无法遵从自己内心最初的想法，被对方牵着鼻子走，很重要的原因是本身就对自己的想法半信半疑，在沟通的过程中，一旦对方占据所谓的"道德高地"或"身份高地"，他们就在不知不觉中站在对方的立场上考虑问题了。这种情况大多出现在职场新人或对某项工作不熟悉的人身上，一些消费场景中也会出现这样的情况。

之前，我家的空调水管因年久老化，暴露在室外的一截管子破了，导致空调水不能流进总排水管里，其产生的滴滴答答的声音让人夜不能寐。第二天，我打电话让修理工来简单处理一下。修理工上下翻看，检查了水管的情况，开口就问我要 200 元，说这 200 元包括上门费、材料费以及修理费。材料有两种，一种是用两三年就会坏的，另一种是可以保证用 10 年不坏的。

相信大家和我一样，面对修理工，会下意识地提醒自己，不要被对方"蒙骗"。但是，我又一想，万一修理工给的意见就是合理的，价格还算公道呢？你看，在修理工上门前，我的心理状态就很矛盾。

听修理工这么一说，原本只打算简单处理一下水管的我，提了几个问题后，最终被修理工说动，花了200元，把老化的管子换掉，又在室外的一段管子上包裹了防晒材料，保证管子在接下来的几年都不会被晒破。

因为修理工占据了"身份高地"，他是一名专业的修理人员，通过专业的讲解，让我放弃了简单处理水管的想法。

无论是上述的哪一种情况，都暴露出这样一个事实：我们在沟通的时候，一旦有了弱势心理，就很难进行平等沟通了。

非弱势沟通的前提是突破自己的弱势心理——**无论怎么说，我就是坚持自己的最初想法。心里怎么想，嘴上就会怎么说。**

自信表达与被动表达

那么，是不是比较强势的人，就不会在沟通中处于弱势呢？这也未必，还要看他们在沟通的过程中，处于什么情感状态。

我的一个朋友谈恋爱了，确立恋爱关系的时间不长，也就一个多月。在暧昧期时，他被对方独立、自信、好学的形象所吸引。他坦言，对方就是自己心目中的灵魂伴侣。虽然确定了恋爱关系，但在言谈举止间，他还是会担心自己冒犯到对方，甚至连给对方发微信都要反复修改、斟酌再三。这个看上去阳光开朗的大男孩，给我们的印象是自信又强势，本以为他是"霸道总裁"型男友，却没想到他竟然是一个"软柿子"。

交往两个月后，他明显感觉到自己有些"卑微"，总是被对方牵着鼻子走。比如他曾在 12 月出差去西北地区录节目，当时室外很冷，他给女友发信息抱怨了一下工作的辛苦。结果女友一直不回复，到了晚上，才回复了一个字——"嗯"。看着这样毫无关心的字眼，他竟然没有和对方"理论"一番，反而担心如果自己和女友理论，会让她觉得自己一个大男人，干一点儿辛苦的工作就抱怨，太矫情了。

　　朋友之所以会这么想，是因为在一开始谈恋爱时，他会经常和女友分享自己的工作和生活，比如"因为堵车，差点儿没赶上高铁，最后三分钟才上车""到了拍摄地，合作嘉宾特别会说，工作很顺利地结束了"……从信息的内容来看，这都是恋爱中的男女日常交流会聊到的。可是朋友的女友却不这样认为，她抱怨说自己总被这些无关紧要的信息干扰，让她一点儿私人空间都没有。想到女友之前的抱怨，为了让女友开心，朋友就把自己的情绪需求压抑了下来。

　　听朋友说到这些，我把自己的分析告诉了他："在这段亲密关系里，你处于弱势地位，女方处于强势地位。在相处的过程中，你的所思、所想、所动都从对方的角度出发，完全丧失了个人的判断。明明自己心里接受不了对方说的话，但担心她不高兴，即使很合理的反对意见，你也说不出口。"

　　而事实上，我的这位朋友在日常生活和学习中，是一个比较强势的人，只是在这段亲密关系中，他处于弱势地位。

　　其实，朋友的语言组织能力是完全可以说出表达自己真实想法的话和自己内心的不悦的。他没有说出来，不是因为语言表达能力不行，而是因为担心女友不高兴。反观他的女友呢？她心里怎么想的，就怎么说，只在意自己的情绪，丝毫不考虑自己的话对男友产生什么影响。

　　问题在于，一方面，朋友面对女友时在情感上把自己放在了弱势地位；另一方面，朋友不能用语言把自己的真实想法表达出来。看完上面的故事，有人生阅历的人一定会说：

"这个傻孩子，自己觉得不对味儿，还不敢说。"

　　话说回来，**心理是因，沟通是果，没有坚持自我的强大心理，就不会有坚持自我的自信沟通**。

不要担心别人说你太强势

明明心里不舒服，为什么口不从心呢？很多人是因为担心给别人留下过于强势的印象。那么给别人留下强势的印象为什么不好呢？他们又答不出来。

"强势"，是他人对你的评价，如果你不认可这个评价，它就没有任何意义。与不能说出自己内心所想、不能表达自己的想法相比，外人的评价并没有那么重要。强势的底层逻辑强调的是，**作为主体的你，有权力做很多事**。

电视剧《玫瑰的故事》中，主人公黄亦玫骑着已故爱人的摩托车飞驰在旷野中时，有这样一段独白："**我完全而绝对地支持着我**。"这句台词也道出了我们每一个个体追求独立、尊重自我的正当性。因为遵从内心的人，是无法在他人面前委屈自己的。

说出心中所想，这就是非弱势的体现。

弱势的人，在个人情绪、对事件的看法、对方的情绪这三个参考项中，最先考虑的是对方的情绪，比如"我这么说，她会不会觉得过分，她会不会生气呀""我这么说，同事怎么看我呀"。

这里，我们需要明白一条原则：**不要担心别人说你强势**。

为什么说这种担心是没有必要的呢？

大三时，我在一家电视台实习做新闻配音员。这是一档日播的早间新闻节目，每天下午三四点时，记者会陆续回到电视台，然后主编审过的稿子就会转到我的手里。那时，电脑还没有现在这么普及，记者都是手写稿子，到我手里的稿子早已被改得"面目全非"了。在配音的时候，我的眼睛要上上下下、左左右右地到处看，才能把新闻的内容顺下来。

那时的我，识读新闻稿件的能力还没有那么强。一天下午，记者都集中回电视台编片子，我却"压"活了，手里的稿子总是读错，本来一条几分钟就可以完成配音的新闻，配了半小时还没有完成，配音间外有六七位记者在等着。

这时，一位经验丰富的前辈出现在配音间的门口，指着我大声说："你出来！"我乖乖地从操作台起身，离开配音间，站在外面。她把这六七位记者的稿子和带子拿了进去。15分钟后，她出来了，把带子交给记者后，看了我一眼，走了。

干完手里的活，我回到办公室，主编对我说："我听记者说了下午配音的事。她就那样，对我们也这样。"

我疑惑地说道："她对你们也这样？她太强势了吧，你们都是同事，不像我，只是个实习生。"

主编说："她可从来没觉得自己强势，她觉得自己做什么事都有理。"

刚入职场的我特别怕那位前辈。她说话干练利落，从不拖泥带水，我以为只要自己跟她说话客客气气，就能让她看出来我很尊敬她，她也会对我客气。

那是我第一次意识到，**你怎么想、你的心理状态如何，强势的人压根儿就不会考虑**。强势的人从来不会觉得自己说话会伤害到谁，他们的潜意识觉得："你有问题，还不让我说？"如果不让他们说出来，他们会"疯"的。他们首先考虑的是自己的想法、情绪、意愿，以及对事情的态度，至于对方的情绪，他们也会考虑一些，但从优先排序上来看，应该是排在了最后。

在强势的人看来，他只是说出了自己的想法。你却觉得对方这么和你说话过于强势了。一方认为自己只是怎么想就怎么说；另一方则认为，你可以这么想，但是不能这么说。这就是沟通的双方对同一件事的感受不同。

换一个角度看这个问题，就好理解了。**沟通往往是一种有意识的社会互动策略，它涉及个体如何在不同的社会舞台上"表演"，以塑造自己在他人眼中的形象。**在此语境下，沟通是个体在社会互动中展示出力量、权威或自信的行为方式。

比如在公司会议中，首席执行官（CEO）需要宣布一项重大决策。在这个情境下，他可能会采用一系列的沟通策略来确保决策的权威性和不可争议性。他会使用坚定而清晰的语言、直接的目光接触、有力的手势，以及占据房间中央的位置等非言语行为，他还可能在表述决策时避免使用犹豫不决的词汇，而是使用诸如"我们必须""这是我们的方向"等果断的措辞，让听众觉得自己被裹挟进去了。这样的强势沟通不仅强化了决策的不可动摇性，也巩固了他作为领导者的权威形象。所以，如果一个人想给你留下强势的印象，势必会在你面前尽情展示他的强势行为。

在某些情况下，个体可能会选择展现强势的一面。例如从我手里拿走配音稿子的前辈，她一定知道，这么做对一个大三的实习生意味着什么。而她之所以这么做，一方面是不希望工作在配音环节出问题，另一方面是希望我尽快成长起来。

这件事让我对职场上强势的人有了一个直观的认识。有些人的强势沟通，是基于他的角色和地位，还有一些人的强势沟通，是基于所处场景以及沟通的目的。

所以，有些人的强势是与生俱来的，有些人的强势是角色赋予的，有些人的强势是面对压力反弹出来的，也有些人的强势，是虚张声势"装"出来的。

非弱势沟通的本质

觉得自己无法让人服气的时候，虚张声势就会乘虚而入。

这让我想起有一次去其他学校做讲座时的场景。距离讲座开始还有 15 分钟，我在讲台上调试设备，听到一位老师说："大家往前坐一点，前面两排还有很多空位置。"这位老师看起来很年轻，估计是刚留校的辅导员。她说了三四次，前面还是有几处座位空着。看我在现场，这位老师有些急了，大声说道："我命令你们几个坐到第一排去。"她这一嗓子喊出来，学生们吓得赶快坐了过去。

讲座结束后，我和学校的老师一起在学校食堂吃午餐。这位辅导员就坐在我的旁边，在没人注意的时候，我对她说："张老师，刚才多谢你了。"

张老师问："你为什么谢我呀？"

我说："谢谢你组织学生听讲座呀！"

张老师说："那都是我应该做的。不过，你刚讲 10 分钟，后面的同学就抢着坐到了前面，我一开始叫他们，他们还不来。"

听到她自己提起这个话题，我想机会来了，便说道："张老师，你刚毕业吧？你觉得学生最不喜欢什么样的老师？"

看到这，相信你猜到我接下来要说什么了。张老师担心学生不听自己的，就以老师的身份震慑学生，虚张声势。我提醒她说，大学生都是成年人了，与大学生沟通和交流有一个重要的前提：我以大人和大人说话的姿态和你说话。

如果张老师当时这么说，学生一定会坐到第一排："各位同学，今天我们请到了中国传媒大学（以下简称'中传'）的老师，她上课的时候一定会带大家做练习，想得到老师一对一指导的同学，快坐到第一排，就这么几个位置，我就不拍卖了。"

你看，同样是希望学生坐到第一排，与其发出虚张声势的命令，不如用带有奖励性质的方式，后者才是真正的非弱势沟通的方式。虽然你还是在要求学生坐到第一排，却采用了劝说的方式。

虚张声势特别容易被识别，它的主要表现是身份震慑、后果震慑。这种说话方式给表达者营造出一种虚幻的假象——我一说话，所有人都会乖乖地洗耳恭听。而实际上，虚张声势是一个人狐假虎威地沉浸在自我表达中，其他人低头不语，内心却鄙视、厌恶。

我有一个朋友在互联网大厂工作，他所在部门的主任是"90后"，由于做事敢闯敢拼，很快被提拔为部门主任。为了让下属服从，他有时候说起话来有些狐假虎威。

今年临近春节时，有个项目想在节前结项，但这位部门主任在和合作方对接工作时出了问题，导致整个部门直到除夕夜还在加班。朋友和部门主任是校友，关系近一些。除夕之夜，办公室只剩他们俩的时候，他们说了一些交心话。

朋友说："师弟，现在就咱们两个人，我就这么叫你了。你来部门大半年了，平时和部门同事说话，为什么总想震慑大家呢？"

听了我朋友的反馈，春节后再上班时，部门主任就像换了一个人一样，与部门的下属也好，在外洽谈工作也好，震慑的表情没有了。后来，这位部门主任对我朋友说："合作方的女上司给我上了一课，她不像我只是表面上厉害，我能看出来她是个狠角色，这才是职场中真正强势的样子。我现在想明白了，强势与否看的是工作能力。"

从这位年轻的部门主任的成长经历可以看到，表面强势是脆弱的。真正的强势来自强大的内心。坚持自我的沟通需要丰盈且自信的心理状态，而不是鹦鹉学舌、虚张声势地强装自己不好欺负。非弱势沟通的根本是**内心对自己的认可，以及对自己所思、所想、所感的接纳**，更重要的是，**不能把对自己的判断权交给他人**。

以上两个案例，从一个侧面给了我们启示：那些表面上咋咋呼呼，让人颇感聒噪的人，震慑他人的目的大多是掩饰内心的不自信。

有效表达：有理不在声高

在此，我鼓励大家在沟通时依据内心所想。但我还要提醒大家：当你占据谈判优势时，需要掌握这样一条礼貌原则——**有理不在声高**。

当你用升调说话时，在对方看来，你是在寻求对方的认可和回答；当你用降调说话时，你说出的话带有一定的伪装感，因为缓慢而清晰的语调传递出来的信息是"一切尽在掌握"。

为什么会出现这样的情况呢？

因为你高声说话给对方的感觉是你对自己的观点不确定，虽然你用了陈述句，但听起来好像是疑问句。如果是低声降调说话，即便你说的是疑问句，对方听起来也是肯定的语气。

某互联网大厂曾与我们合作进行员工培训。根据对方提出的培训需求，我们拟定了一份课程清单。互联网大厂拿着这份清单与相关公司达成了合作协议。看到这里，相信你已经注意到，互联网大厂在其中充当的是中介角色。几个月下来，相关公司对我们的授课非常满意，互联网大厂的负责人对我说，希望下半年继续和我们合作。

但是，在这个过程中，互联网大厂一直没有解决课时费支付的问题。因为该互联网大厂是第一次采用这种合作方式，内部流程出现了各种问题。三四个月过去了，上半年的课时费仍迟迟没有支付。

我给负责人发了条微信语音信息，我没有使用文字，目的是表达我的不满。

"詹老师好，特别高兴你们对我们这几个月的课程设计和培训内容如此满意。至于下半年的课程，等我把几位老师凑齐开一个会，再做一份新的清单发给你。

"在和你沟通之前，我也问过上课的老师，他们早在三个月前就已经提交了银行信息，但是到现在还没有收到课时费。你看这样可好，在这个月月底前，把上半年的课时费都结清，我们再把新的课程清单发给你。

"另外，如果下半年我们还继续合作，关于课时费的支付方式是否能够落实在合同里，是每月结，还是项目结束后一起结？"

大家是否注意到了我的沟通策略？这三段语音，我的沟通重点各不相同。

正面反馈： 在第一段语音中，我给了对方很多正面的反馈，也把接下来我们要做的事情告诉她，让她知道我们如何对接下半年的授课工作。

交付挂钩： 在第二段语音中，我就上半年课时费没有结清的事情与新课程清单进行了连接，言外之意就是，把钱结了，才会推进后面的工作。

未来设定：为了防止下学期在课时费支付上再出现上半年的这种情况，我希望和对方做出事前约定，这样可以保障授课教师的利益。

我在说这三段语音时，使用的是平缓的降调语气。为什么呢？因为有理不在声高。对方在走内部流程时出现了问题，没有及时给授课教师支付课时费，我对此表示理解。

细想一下，即使我硬气地高声指责或埋怨，对方的内部流程也不会因我而改变。公事公办地走流程，作为"跑腿"的人，负责人除了一遍遍地催促，其他也无能为力。我对"跑腿"的人发脾气，不但解决不了实质性的问题，反而会影响彼此的关系。本来这位詹老师还怀揣抱歉之意，如果我大声指责她，反会使她对我产生埋怨。未来我们还要合作，为一些无法改变的事情闹不愉快，显然性价比不高。

而我使用平缓、平实的语气向对方表明自己的想法，旗帜鲜明地提出"希望尽快支付教师们的课时费"，对方听了，会更觉得己方理亏，反而会积极地督促流程。

通过沟通，对方第二天就支付了第一阶段授课教师的课时费。

"有理不在声高"是指，**在自身占据谈判或沟通优势的情况下，不以强者自居的沟通策略**。它蕴含了含蓄而平和的表达智慧，其核心是，观点的正确性和逻辑性远比声音大小、语气强弱重要得多。

在《玫瑰的故事》中，当黄亦玫想和丈夫方协文离婚时，丈夫方协文总是大声嚷嚷。受了委屈的黄亦玫面对糟糕的生活，勇敢地提出了离婚，要求拥有孩子的抚养权。在双方拉扯的过程中，方协文始终处于崩溃的边缘，火一点就着。

细心的观众是否注意到，黄亦玫在复旦大学读研究生时学的专业是心理学。她从心理学的角度分析，自己和方协文的婚姻已经无法挽救。为了达到离婚的目的，她从来不激怒对方，即便在方协文把女儿扣在上海不让其回北京的极端情况下，她仍能耐心地与方协文沟通，最终达到了离婚的目的，同时尽量减少了对孩子的伤害。

表面上，方协文作为公司高级管理者，经济实力比黄亦玫强，但是在心理战这个领域，黄亦玫还是略胜一筹的。她着力的不是在嘴巴上占优势，更不是靠高声呵斥来发泄不满情绪，达到震慑他人的目的。她更在意的是，是否可以遵从自己的内心，离开方协文，回北京和父母一起生活。

剧中的黄亦玫可谓是强势女性的形象，她的强势不是走路带风、说话带刺，而是无论在什么情况下都遵从内心所想，并敢于承担后果。

从心理学的角度来说，"有理不在声高"原则有着丰富的理论支撑。

首先，人们在面对压力或冲突时，往往会激活大脑中战斗或逃跑的反应机制。当一方用大声或威胁性的语言、吵架一般的语气、激动的情绪与人沟通时，另一方立刻会感到自己受到了人身威胁、处于被攻击的状态，进而激发出自身的防御性反应。双方就会从一开始的自然、平和的说话状态，逐渐升级到互相指责，甚至对骂，最终一定会关闭沟通渠道。相反，如果采用舒缓的语气与对方沟通，虽然还是同样的话，但听上去不咄咄逼人了，便可以减少对方发生心理应激反应的可能性。

其次，人与人之间的情绪是会相互影响的。如果你用平和且理性的态度说话，你就更有可能获得对方的尊重和理解，因为这种沟通方式能够传递一种积极、合作的情绪氛围。反之，如果你用高声或愤怒的方式沟通，不仅无法有效传达信息，还可能引起对方的负面情绪，使情况恶化。生活中，想想这样的场景：你去超市买东西，如果收银员不怎么搭理你，你对他的态度肯定也不会太好，这种情况印证了"情绪感染"的理论。

说到"有理不在声高"，我想起一位主持人，她的采访在国内人物专访栏目中可谓是独树一帜，她的每一个提问都是采用了平实的语气，却又让人猝不及防，暗自叫好，她就是易立竞。

易立竞是我非常欣赏的一位主持人。她从纸媒记者走到镜头前做主持人的时候，一位业界前辈找到我，希望我看看她的节目，给一些专业意见。她当时采访的都是娱乐明星，第一次看她的节目，我感到很诧异，因为这和我之前看到的其他主持人做的人物专访截然不同。

看过她的节目的人都会注意到，她说话的时候，语气是平和的，用词却很有力道。有段时间，一些视频平台的博主用视频分析她的节目，总结提炼出只属于易立竞的提问方式。还有一些博主直接扮演成她的样子，模仿她的采访。我们在欣赏她的出色采访时，都对她深藏不露、绵里藏针的镜头前的状态，以及一针见血、毫不留情的提问所吸引。

她用一张处乱不惊的脸，平缓温和的语气，说出谁都不会想到的"狠话"，让观众拍案叫绝的同时，后背有点发凉。这就是易立竞，她的每一个提问都经得起我们反复琢磨。无论面对怎样的采访对象，易立竞始终保持着自己的风格：沉稳。很多提问从内容上来看足够犀利，但是伴随着犀利内容的是她平缓的语气，这使她的提问更有力量。

唤醒自信表达的心态

　　事实上，我们没有人生来就是弱势的。只不过在我们的成长过程中，周围的人和事给我们带来了很多限制和枷锁，使我们逐渐由"天不怕、地不怕"的非弱势之人，变成了"瞻前顾后、欲言又止"的弱势之人。

　　我们还是婴儿时，只需通过一种途径来表达自己的需求——哭就可以了。饿了会哭、渴了会哭、困了会哭、身体不舒服了也会哭。只要我们哭，大人就会围着我们转，这时的我们处于能够随心表达自我的状态。

　　等我们再长大一些，父母对我们的控制从生理上过渡到了心理上。当我们想喝饮料时，父母会说："小朋友喝饮料会拉肚子。"；想像大人一样吃烤串时，父母会说："小孩子吃烤串会拉肚子，得去医院打针。"如果父母告诉孩子的都是"不要做什么""这样做不好"，长此以往，家庭成员间的交流就会变得危险，强势的父母毫无边界地干预子女的生活。为了从心理上控制孩子的行为，有些父母开始"训练"孩子，让孩子感受焦虑、内疚、无知，还有自卑。

　　那么，我们是在什么情况下被训练并感知到恐惧、内疚等负面情绪的呢？

我们可以从一部电影中找到答案。

2015 年，《头脑特工队 1》上映，影片中的主人公莱莉由于父亲的工作原因举家搬到旧金山，莱莉只能告别熟悉的生活环境和朋友。电影围绕着控制莱莉的五个情绪"小人儿"展开。原来莱莉是被她大脑里的五个情绪小人儿——乐乐、怕怕、怒怒、厌厌和忧忧共同支配。这五个情绪小人儿居住在莱莉大脑里的控制中心，通过适当调配来指导莱莉的日常生活。搬到旧金山后，莱莉在适应新环境的过程中，大脑里的控制中心出现混乱。情绪小人儿的作用可真大，它们可以让莱莉在新同学面前出丑，甚至可以让她失去与人沟通的能力。其中，乐乐和忧忧处境堪忧，他们必须回到控制中心努力挽救莱莉的生活和学习。

2024 年暑假上映的《头脑特工队 2》新增了四个情绪小人儿，分别是慕慕、焦焦、尬尬、丧丧。看完这两部电影，我们了解到了控制人类情绪的"小人儿"是如此多元和丰富，负面情绪小人儿有怕怕、怒怒、厌厌、忧忧、焦焦、尬尬、丧丧七个之多。

随着年龄的增长，我们对自己情绪的观察和体验能力也在增加。我们体会到恐惧，第一反应就是避免让自己陷入恐惧，我们本能地想逃离，但我们很少会有意识地思考："我们为什么会恐惧？是谁告诉我们这样做不行，后果会很严重？"

最早告诉我们这些的是父母。

"告诉你，不好好学习，以后有你受的。"

"考不上大学，你怎么办呀？到时候找不到工作，你就哭去吧！"

"你这么懒，以后谁娶你呀！嫁不出去，你就傻眼了。"

事情本身不可怕，说这些的人——我们的父母让我们觉得这些可怕。

中央电视台原主持人李小萌在 2024 年 7 月 15 日发布了一条短视频，名字叫"羞辱式教育毁童年，学会好好说话很重要"。她提倡应该采用好好说话的方式教育孩子。视频中，她列举了两个案例说明家长羞辱式教育的失败，我们从中可以看到父母是如何把恐惧注入我们的思想意识里的。

一个案例是，在上海的大街上，一个四五岁的女孩被父母扒了裤子打。女孩拼命地抓着自己的裤子，却还是被父母扒了下来。他们口口声声地说，这样会让孩子感到羞耻，让她长记性。

另一个案例是，一位女性说在自己五六岁时，有一次晚上洗澡，她不想洗头，妈妈就把她扒光放在了大门外。她恐惧地拍门祈求妈妈让自己进屋，不知道拍了多久，她妈妈才打开门说："洗头吗？"小女孩说："洗。"三十多年过去了，她说自己很难和其他人建立起亲密关系。

父母的羞辱式教育的确让孩子"听话"了，却也让孩子深刻地体会到了什么是恐惧，这会在孩子未来的人生道路上投下长长的阴影。

父母为什么要训练我们知道恐惧，让我们感受消极情绪呢？

有两个原因，一是他们不自觉地从自己的父母那里学来了这样的教育方法；二是子女一旦产生恐惧心理，势必会听父母的话，也就有利于父母控制子女了。

在一档综艺节目中，一位四十出头的知名女艺人的母亲在接受采访时说的话，让观众颇为诧异："她都是剩女了，要是结婚，只能找老头，她可邋遢了。"在公众的眼里，她的女儿非常优秀，而在这位母亲的眼里，女儿一无是处。母亲之所以如此贬低女儿，从心理学的角度说，其实是担心女儿脱离自己的控制。

在家听爸爸妈妈的话，上学听老师的话，上班后听公司领导的话，缺少自我意识的成长道路，让我们的心理逐渐弱势化。明明天生非弱势的我们，却在成长环境的改造下，变得越来越弱势。

我们无法回到童年，告诉那个时候的自己该如何面对父母制造出来的恐惧。现在已经成年的我们，虽然知道了恐惧从何而来，却发现并不是我们想摆脱就可以摆脱掉的。但我们可以做到的是，面对恐惧、正视恐惧。

所以，摆脱弱势心理，重新开始主持我们自己吧！

第二章

自信表达的
七大准则

今年刚毕业进入媒体工作的一位应届生小Ａ，和比自己大七八岁的前辈主持人一起录制节目。她以为只要按照节目脚本来就可以顺利完成录制工作，但没想到的是，那位前辈主持人给她狠狠地上了一课——把她的词抢去了一大半。录完节目，小Ａ给我发微信求助："老师，怎么做才能让其他主持人不抢我的词？"

在社会生活中，不管面对的是同事、朋友、爱人、父母、孩子，还是陌生人，只要和人打交道，人与人之间就一定会出现问题和矛盾，这再正常不过了。很多人不敢表现出非弱势，就是太想维持友好的人际关系，一旦遇到不和睦的状态，就想立刻消除不愉快的氛围，甚至不惜采用讨好和忍让的方式。

虽然与人打交道出现问题和矛盾是常态，但我们绝不能让放弃自我成为常态。

在沟通和交流时，如何才能让自己不放弃自我呢？

要建立**坚持自我的意识**，知晓**坚持自我的基本原则和具体心理建设**是关键。

从心理学的角度来说，坚持自我通常指的是，某一主体从主观角度出发，以反对、抵触，甚至反抗的策略，来应对外界对自身思想、情感或行为的不当影响。这种不当影响可能来自父母、兄弟姐妹、朋友、同事、媒体，甚至有意图的某人。

坚持自我的核心是**个人意识的觉醒、自我觉察的启动、**

自我效能的提升。使个体在理解他人意图的同时，有能力做出识别、判断和选择。

你需要摆脱他人对你的控制，无论是显性控制还是隐形控制，你都需要有意识地反操控。不被他人控制，由"他控"变为"自控"，最终达成自己的沟通目的。一旦你开始意识到自己需要启动自身的"反操控"机制，距离摆脱弱势心理就不远了，很快就可以成为能进行自信沟通的人了。

如何在沟通中坚持自我

在与他人沟通和交流时，为了更好地坚持自我，要遵循的基本原则是：**只有我自己才能评判我自己。**

因此**具备边界意识**至关重要，一旦划出边界，他人也会对我们有所顾忌。

划出沟通内容的边界是坚持自我的第一步，也是最重要的一步。

在心理学中，边界意识是指个体在社交、情感或物理空间中对界限的认识和尊重。拥有良好的边界意识，意味着一个人能够清楚地认识到自己的需求、感受和责任，能够适当地表达出自己的边界，同时也尊重他人的边界。这有助于建立健康的人际关系，避免过度依赖或侵犯他人的私人空间。

家庭成员对边界意识的需求比其他场域中的人更为迫切。孩子长到多大，父母需要放手？夫妻双方如何在保持各自空间的同时，又不影响亲密关系？如何在家庭中建立边界意识？如何划出与亲人的边界？处于强势地位的父母会主动退让吗？如果恩爱夫妻的一方要划出边界，另一方是否会感到不适？"我爱你，但是我需要自己的空间"，可能是家庭成员最难把控的边界关系了。

无论是和公司领导还是和多年的同事、朋友，或父母、伴侣，我们只要与他人构建起人际关系，就需要建立边界意识。在无法要求对方具备边界意识的情况下，更需要拿起"枝条"在心里画出一条清晰、明确的边界线，来保护和维护自己与他人的关系。我之所以如此强调边界意识，是因为它能保障"只有我自己才能评判我自己"。在自己的边界线内，你才是自己唯一的评判人。

在成长的过程中，我们自然会产生边界意识。

很多人最早注意到"边界意识"是在子女的青春期。叛逆的孩子不允许家长进自己的房间，开始对很多事情说"不"，还经常和父母反着来。亲子间无法沟通、亲子关系恶化，大多也是从这个时候开始的。

子女的边界意识在青春期萌芽，父母应该从这一阶段开始，由之前对孩子的事情大包大揽变成"孩子提出需求，父母再出面帮忙或提供意见"的理想状态。你注意到了吗？我说的是"理想状态"，因为不少家长对待孩子都缺少边界意识。过度的担心和无法面对孩子的"不良行为"，使父母无视边界的存在。

个体在成长和发展的过程中，需要建立边界意识、维护自身边界、打造健康的边界关系。这三者层层推进，我们需要了解自己的需求和对他人的限制，并能清晰地向他人表达自己的这些需求和限制。

边界是自己划出来让他人遵守的。环顾四周你会发现，与具备边界意识的人交流会很舒服，而与那些没有边界意识的人交流，经常会生一肚子闷气，后悔自己没有当场反驳。但下次见到这个人，你仍然会被冒犯，一次次地重蹈覆辙。

你结婚了吗？

你怎么还不生孩子？

为什么你买房子不买公司附近的呀？

你爸妈看上去挺好的，怎么说离婚就离婚，你也不拦着点儿！

你怎么穿得这么随便，这样的场合也不穿件像样的衣服！

那些认为只有自己对，以"关心你""为了你好"为由，侵犯你隐私和心理边界的人，在生活和工作中时常出现。要想让对方闭嘴，只有明确地说出来才行。**给你下判断的只能是你自己**，如果你不主动表达这一点，没有边界意识的人就会以各种理由踏过你的界线，长驱直入，对你造成伤害。也就是说，指望他人自觉遵守你的"边界"，远不如自己驻守、主动捍卫来得有用。

举例来说，如果你有极强的边界意识，在与没有边界意识的人交流时，你就要发出明确的信号提醒、告知，甚至警告对方，让他知晓你的边界在哪里。只要他践踏了你的边界，你就可以出言提醒，维护个人尊严。

　　我的闺密直接回击公司"大管家"陈姐的案例，就证明了这一点。

　　我的闺密和她丈夫选择了"丁克"家庭模式。陈姐是她所在公司的一位大姐，负责工会里的一些琐事，自认为是公司的"大管家"，谁的事情她都要过问、插手。最近，陈姐盯上了我的闺密，一到周一开例会，她就会和蔼地搂着我的闺密，摸着她的肚子说："还没有动静吗？"一次、两次，闺密只是笑着说"没有动静"。当陈姐第三次试图搂她时，我这位闺密用手一挡，顺势搂上了对方，并看着对方的眼睛亲切地说："陈姐呀！我不打算生孩子，请你以后不要再摸我的肚子问我了，谢谢。"

　　我问闺密为什么这么做，她是这样回答的："怀孕这件事是我的个人隐私，可以问我的也只有我爸妈或你，怎么也轮不上这位陈姐吧！再说，我自己都不提这事，她偏要装作关切的样子来问我，不能因为她想关心我，就可以来问我呀！我自己的事情，轮得着她问吗？"

　　分析我这位闺密的想法，你会发现，在这件事上，她有两点值得肯定。

　　第一点是人际关系范畴的划定。关于什么人可以问她是否怀孕，她划分了范围。在她心里，除了丈夫，只有父母和很亲密的朋友可以问，其他人都不行。

　　第二点是"你问我的理由，我不认可"。陈姐觉得自己作为公司的老前辈、老大姐，关心年轻同事的个人生活，是长辈对晚辈的关怀，也体现了同事之间的深厚情谊。可是在我的闺密看来，陈姐所有的出发点她都不认可，陈姐的做法就是对她个人隐私的冒犯。

我的闺密具有极强的边界意识，只要她觉得对方冒犯了自己，就会果断采取行动维护自己的边界。你可能觉得：她这么和陈姐说话不合适吧？陈姐只是想关心年轻同事，她这么说是不是太不近人情了？

如果你产生了这样的想法，说明你被人与人交往的礼貌原则操控了。你可以思考一下："陈姐为什么没有意识到自己这么问是在冒犯别人呢？"

这时你也许会发现，陈姐没有意识到自己冒犯了别人，是因为她没有边界意识。没有边界意识的人，当然不会说出有边界意识的话。

当你意识到他人在某些事情上具有强烈的边界意识时，比如同事 A 不喜欢午饭吃味道重的饭菜，朋友 B 和母亲的关系不好，伴侣 C 不喜欢你问他父亲离婚后再婚的事情等，为了更好地维护你和他们的关系，和同事 A 一起吃午饭时，你就不要提议吃麻辣香锅或麻辣烫；和朋友 B 聊天时，就不要谈有关亲子或母亲的话题；和伴侣 C 在一起时，就不要谈及他爸爸再婚后又有孩子的事情。从主观角度来说，建立和维护好自身的边界，可以有效保护个人身心不受外界打扰、冒犯，甚至侵害；从客体角度来说，当你发现交流对象具有清晰的边界意识时，你只站在界限外与之交流，反而容易获得对方的好感，从而易于与之建立起友好的人际关系。

提到边界意识，大家可能会想到"边界感"，那么，边界感又藏在哪里呢？

边界感是一个心理学概念，指的是个体在与他人的互动中清晰地认识并维护自身的界限。这个概念强调了人际关系中的相互尊重和个人自主性的重要性。边界感可以帮助人们确立自己在社交场合中的位置，理解自己与他人的关系，并且有效地管理个人的情感和行为。

在日常生活中，在不同的物理或思维空间里，形成了不同类型的边界。

第一是**物理边界**。大家住在同一间宿舍，桌上摆着室友小白的薯片，如果他没有邀请其他室友吃，那么室友们不能想吃就吃，因为薯片归小白所有。虽然你买了零食，愿意给室友随便吃，不在意室友是否征得你的同意，但你不能以此为理由要求小白也像你一样不分彼此。同理，如果你的发小向你借车，你可以不把车借给他，只要你不想借，就可以不借，无须给出解释，这是你的权力。

第二是**个人空间边界**。它是指个人的身体界限，是对个人领域的保护，比如不愿意他人未经允许触碰自己的身体或进入自己的私人空间。

我的一个男学生，有一次对我抱怨说，同班的一位女同学会不经意地碰到他的手，比如给他递矿泉水时。一起工作时，对方还会拍一拍他的肩膀。我开玩笑地说："人家姑娘是不是喜欢你呀？"

这位男生说："喜欢可以，但不要'动手动脚'呀！"

这样的话从一个男孩的嘴里说出来，我还是有些吃惊的。后来发生的一幕更是让我意识到这位男生的边界意识之强。他说，有一次工作结束，大家一起去学校食堂吃饭，每个人按照各自的喜好点完餐后，一起端着自己的餐盘聚在一张饭桌上吃。那个女生看到他餐盘里的鸡翅，便把筷子伸过来要夹，还说："你的鸡翅看着不错，我和你换两块牛腩吧。"女孩的行为一下子把男孩惹生气了，他站起来端着餐盘说："我不吃你的牛腩，你也别夹我的鸡翅。"

看到这儿，你是不是觉得这个男生太小家子气了？一个鸡翅，至于吗？是不是有些小题大做了？但我非常赞赏他的做法，因为他尊重了自己的内心，划定了自己的边界。

后来，他和我解释说："我不喜欢吃饭的时候大家互相吃对方碗里的食物。我不会夹别人碗里自己喜欢吃的，也不喜欢别人随便夹我碗里的食物。如果她就是想吃，我不是不能给她，但是她应该先征得我的同意，而不是想夹就夹。"

这位学生在维护个人边界上，遵从了自己的内心。这件事情显然是那位女同学在表达爱意。她单方面地以为男性一般不会拒绝女性的主动亲近，没想到遇到了这样的"奇葩"。

第三是**情感边界**。情感边界是指涉及个人的情感体验和反应。这里需要提醒你的是，需要分清哪些是你自己的情绪，哪些是他人带给你的情绪。假如有些负面情绪来自他人，你需要适当地表达出自己的感受。

我的一个研究生，毕业后进高校当了辅导员。我们都是大学老师，会在一起交流如何与学生打交道。她说，学生会和她说情感生活，但她有一个原则是"学生不说，自己不问"。如果学生对她说了一次后没再主动说，她也不会追问。她说，尊重学生的情感生活是师生关系中很重要的一环。学生有权力处理自己的情感，她不能因为自己是辅导员，虚长学生几岁，就对他们的情感生活指手画脚，自己不能越界。我很欣赏她的观点，因为她知晓在人际关系中，特别是自己处于相对强势的位置时，要如何尊重弱势的一方。

第四是**责任边界**。责任边界是指了解哪些是自己的责任范围，哪些是他人的，避免承担不属于自己的责任。这里需要注意的是，要想避免被他人裹挟，需要你自己站出来负起责任。这里不是说让大家做"鸵鸟"，而是基于实际情况，该自己负责的，绝不逃避；不该自己承担的，就不要做自我感动的事情。

有一次，一个学生找我说，经我介绍的一个电视节目已经三个月没有给他结算劳务费了，因为这个工作是我介绍的，所以学生想通过我帮忙催一下。收到学生发来的信息，我第一时间联系了电视台最初拜托我找主持人的负责人，和她说明了情况。其实，这个学生和这位负责人也互加了微信，学生不经由我，直接找负责人也可以沟通劳务费的问题。

那么，为什么这位学生没有这么做呢？后来他向我解释说："老师，不好意思，本来是您给我介绍的工作，我应该谢谢您。但没想到节目组拖拖拉拉的，这么久没有给我结算费用，我之前也找过和我对接的编导，但是一直没有任何进展。"

我说道："你不是有节目组负责人的联系方式吗？你没直接找她？"

学生回复说："我本来想找她，但是一想负责人也是编导，负责我的板块的编导都解决不了，这位负责人也够呛吧！所以，我想麻烦您，因为负责人是通过您联系的我，您找负责人，和我找负责人，分量不一样呀！"

我暗喜这位学生的聪明，意识到他看明白了和这件事情相关的每一个人的责任边界，弄清楚这些，沟通自然更顺畅。

这位学生找我，是因为这个工作是我介绍给他的，从某种内在逻辑上来说，我对此也负一些责任。我找对方的负责人沟通更合适，是因为我帮她找到了合适的主持人，使得节目可以顺利录制上线播出。我找这位负责人说劳务费的事情，想表达的是"人，我第一时间给你找到了，为什么你们不按时发报酬？节目组这么做，也是在为难我这个导师？"以后如果再有类似的事情想找我帮忙，估计他们也会不好意思。

看到这里，你可能会说："老师，您这不是被学生裹挟了吗？"我需要说明的是，学生没有裹挟我，作为老师的我，主观上也没觉得自己是被迫的，没有不愿意帮忙。学生在实习中遭遇欠薪，身为导师的我应该帮忙，这也是导师的业务范畴。总之，我有责任帮助学生追要报酬。

衡量是否被裹挟，关键要看被动的一方是否在心里打了退堂鼓，主观上是否觉得自己被裹挟，才不得不上阵。

第五是**沟通边界**。作为有效沟通的一部分，沟通边界主要是指清晰地表达自己的需求和界限，同时尊重他人的表达。其重点在于如何划定自己的边界，不被他人冒犯。同理，我们也需要知道他人的边界、尊重他人的边界。沟通双方都要明白，既要捍卫自己的边界，也要尊重对方的边界。我们是站在自己边界的边缘与同样站在自己边界边缘的他人对话。

我们需要在物理边界、个人空间边界、情感边界、责任边界、沟通边界这五方面有意识地建立清晰的边界。但不得不承认，很多人都没有边界意识。而当下社会非常注重个人的社交和沟通能力，不具备边界意识、没有边界感的人是难以晋升的，也难以拥有健康的、安全的、有效的人际关系。

进一步分析，边界感的缺失可能会导致以下这些问题：

第一是不会拒绝；第二是无意识地接收他人的负面情绪；第三是冒犯他人而不自知；第四是难以建立健康的人际关系。

我们要做到**具备边界意识，培养自身的边界感，在自己的阵地里主持自我**，这样，"只有我自己可以评判我自己"才能得以实现。

准则一：我为自己的言行负责

一个敢于对自己的言语和行为负责的人，无疑是一个非弱势的人。特别是在言语和行为遭到他人的质疑或有可能招致麻烦、产生意想不到的后果的情况下，更是如此。

是的，这话是我说的。

是的，这事是我做的。

一个人只有抱着对自己的言行负责的态度，才有能量去把控谈话场，成为沟通的主角。在生活和工作中，大多数的沟通互动都是以某种形式的谈判出现的，这种谈判说到底就是要表达一种简单的、本能的需求——**我想要**。

- 王总，我想和张姐换个班。
- 服务员，我想把尖椒土豆丝换成酸辣土豆丝。
- 保安大哥，我把行李箱先放在你这儿，取完快递我再来拿。

这些日常的沟通里，都蕴含着控场。

- 王总，我想和张姐换个班。

  换完了就不要再换了，上次你来回折腾，张姐都不高兴了。

以后绝对不换了，再换班我就请你和张姐喝奶茶。

- 服务员，我想把尖椒土豆丝换成酸辣土豆丝。

  我家的酸辣土豆丝又酸又辣。

  没事儿，我就想吃又酸又辣的。

- 保安大哥，我把行李箱先放在你这儿，取完快递我再来拿。

  丢了我可不管，我这儿来往的人多！

  丢了也不赖你，放心吧！

在以上三个对话场景中，只要你可以承受上级、服务员、保安给出的不利条件或某不良后果，你就能把控这个话场，做到在沟通中占据主动位。

我的朋友戴维在一家摄影工作室工作，最近和同事迈克一起做了一个项目。现在很多大学生都会在毕业季请专业摄影师为自己拍照留念，在了解这一市场需求后，戴维和迈克做了为期一周的市场调研，回来后向领导汇报，汇报人是迈克。让戴维没想到的是，迈克没有向领导介绍他们两个人的分工，特别是没有说起是戴维提出的宣推短视频获得超高转发的关键细节。整个汇报听上去好像所有工作都是迈克一个人完成的。戴维当天晚上就发微信向我抱怨迈克，说迈克"一个人摘桃子"，让他特别生气。

听完戴维的抱怨，我问他是否要和迈克说一下这件事。

戴维说："我肯定要说。"

我问道："那你不担心说完之后，你和迈克在接下来的工作中会尴尬吗？"

戴维说："我既然选择了和迈克摊牌，就不介意他因此而生气，因为他生气与否和我无关，我不能让上级以为我不干活。我想真正尴尬的应该是迈克，不是我。本来两个人干的活，他在汇报时没有说清楚，这是他的工作能力有问题。"

从这件事情来看，戴维并不是一个弱势的人。第一，他对自己的言行负责，向迈克摊牌的任何后果他都可以接受，而且在他看来，问题就出在迈克身上。第二，他身上并不存在很多人容易出现的心理状态，即明明自己是受害者，但一旦事情摊开，自己反而不好意思。

我再举一个例子，你就更容易理解了。同事经常让你帮忙取快递或外卖，你帮了他一次又一次，突然有一次你有事不能帮他了，回绝对方时，你反而觉得抱歉。

这种心理状态可以被称为**"不必要内疚"**。别人"使唤"你，时间长了连你自己都觉得那是你应该做的事，大家都是同事，自己顺手就做了。可当有一天你不方便做这些时，反而觉得过意不去，这显然是不对的。帮忙，是情谊；不帮，很正常。

戴维找迈克认真地谈了一次，谈话的内容主要包括：第一，第一次项目汇报时，迈克没有跟上级讲清楚两个人的任务分工，这是不合适的，希望下次向上级汇报时在一开始就予以说明；第二，下次汇报前，两人先商量一下汇报时应该说什么，两人要先达成一致。

戴维告诉我这些，我觉得他做得特别好。

我好奇地问："你这么和迈克谈，迈克有没有觉得你在冒犯他，觉得你太强势了呢？"

戴维说："我一开口迈克就笑了。他说，他压根儿就没有想过跟上级汇报两人的分工。听我这么一说，他也觉得加入分工的内容很有必要，以便上级对我们各自的工作能力有所了解。他也没觉得我开诚布公地和他说这件事有冒犯之意，反而觉得我作为合作伙伴，主动让他知道我在工作上在意什么，对他来说是件好事。"

你是否注意到，戴维看上去是找迈克兴师问罪，但事实上，他在沟通时并没有劈头盖脸地指责对方，而是从迈克的做法会影响领导判断两个人的工作能力的角度来谈。也就是说，戴维把自己在意的利益点平移到了迈克的身上。戴维以强硬的姿态和迈克谈话，谈话的角度却让迈克觉得自己之前的汇报对自己也不利。

这就是反操控的第一个法则：**我为自己的言行负责。**

准则二：不必解释为什么这么做

前几天我去商场购物，在一家鞋店闲逛。夏天到了，店里有很多顾客在选购凉鞋。一位大学生模样的姑娘，身边摆着三四双鞋，看得出来她有些犹豫。一位销售员站在一边，等着这位姑娘做决定。

姑娘说："这双白的不错，这个款式的黑色也好看。"

销售员说："夏天穿黑色的会不会有点闷？"

姑娘又问："其实我更喜欢裸色。到底买哪双好呢？"

销售员回答道："我觉得白色的和裸色的都好看，相比之下，白色的更好看。"

我听着两个人的对话，觉得很有趣。看上去你一句、我一句的，实际上，这位姑娘更像在自言自语，销售员是在毫无意识地主动和姑娘搭话。最后，这位姑娘买了白色的那双。付款时，销售员一边忙着收款，一边对姑娘说："刚才看你试鞋，感觉你更喜欢那双裸色的，我还以为你会选裸色的，为什么买了白色的呢？"

姑娘接过小票，看了销售员一眼，只说了"买白色"这三个字，就走了。

销售员一个人站在那儿愣神儿，喃喃自语道："这人好奇怪呀！我问她为什么没买她喜欢的裸色，她告诉我'买白色'。这是什么意思呀？"估计销售员想到晚上睡觉，也不明白那位姑娘为什么没告诉自己原因。

话又说回来，那位姑娘作为顾客，选哪双鞋，不选哪双鞋，为什么要向销售员解释呢？

大家试想一下，如果这位姑娘对销售员这么说："我觉得这个裸色不正。"

销售员大概会说："这个颜色多正呀！"

姑娘会反驳："我就是觉得颜色不正呀！"

这时，销售员大概率会妥协："好，你觉得没有那么正，那就买这双白色的吧。"

回答即解释。

作为顾客，显然没有必要向销售员解释为什么自己选择了白色而不是裸色的凉鞋。生活中有太多场合，你都无须向他人解释，这与你是否有礼貌无关。

你没有必要回答邻居"怎么下班这么晚"的询问；没有必要回答室友"面试的时候为什么选穿这条裙子"的疑问；没有必要回答父母"周末和朋友去逛街，为什么没去三里屯"；更没有必要回答同事"为什么一到周三中午，你就点这家店的麻辣烫"。

这些事例给我们的启示是，**很多事情我们都无须向他人**

解释。也就是说，我不需要对你解释我为什么这么做。

为什么有些人遇到类似情况，就会向对方解释呢？

因为他们觉得既然邻居、室友、父母、同事问自己，从礼貌上来说，自己需要给对方一个回答，而回答本身又往往以解释的方式出现。

> 怎么下班这么晚？——因为今天临时加班，没想到会加班到这么晚。
>
> 面试的时候为什么选穿这条裙子？——因为这条裙子的款式比较大方，适合这家公司的气质。
>
> 周末和朋友去逛街，为什么不去三里屯？——因为朋友不喜欢三里屯，她觉得那里人太多了。
>
> 为什么一到周三中午，你就点这家店的麻辣烫？——因为这家店每周三都会有特惠套餐。

不要把自己交付给别人。

一旦你开始回答问题，就要跟对方解释自己行为的合理性。接下来，对方就会对你的行为进行判断，话题再轮转到你这里，你就要被动地接受对方的判断，被他牵着鼻子走。

- 邻居：怎么下班这么晚？

  你：因为今天临时加班，没想到会加班到这么晚。

  邻居：加班这么晚你也干？

你：不干怎么办呀！我都这岁数了。

- 室友：面试的时候为什么选穿这条裙子？

  你：这条裙子的款式比较大方，适合这家公司的气质。

  室友：你还研究公司的气质了？

  你：都要去面试了，肯定得研究一下呀！

- 妈妈：周末和朋友去逛街，为什么不去三里屯？

  你：朋友不喜欢三里屯，她觉得那里人太多了。

  妈妈：她觉得人多，你就不去了？

  你：她说不想去，我还能逼着她去呀！

- 同事：为什么一到周三中午，你就点这家店的麻
  辣烫？

  你：因为这家店每周三都会有特惠套餐。

  同事：你现在点外卖都选特惠套餐了？

  你：便宜呀！

从上述四个案例的谈话走向，你会发现，交流的最初话题是加班、面试、逛街、点外卖，后面却把话题转移到了你的行为上，无形中你就被对方裹挟到"这么做是对还是错"的逻辑中了。

避免发生这种情况的做法很简单，就是从一开始就不解释，你可以朝对方微笑点头，以眼神作为回应，而不是具体地回答对方提出的问题，你可以让谈话在你的点头示意中结束。

重复核心词，不作解释，主动结束对话。

如果以你的为人处世原则，做不到不回应对方的提问，那该如何避免出现上述的对话内容，把控谈话方向呢？

做如下处理，你就可以实现坚持自我。

- 邻居：怎么下班这么晚？

  你：是的（点头）。

- 室友：面试的时候为什么选穿这条裙子？

  你：选了这条（点头）。

- 妈妈：周末和朋友去逛街，为什么不去三里屯？

  你：没去（点头）。

- 同事：为什么一到周三中午，你就点这家店的麻辣烫？

  你：点这家（点头）。

只要重复回应核心词，对方就会发现自己接不下去话了，谈话自然就会停止。

这样做，不作解释，就能避免被对方控制。

还有一点需要提醒你，**不要被自己操控**。

你明明不想回答，为什么却难以拒绝回答呢？因为你被自己绑架了，被自己操控了。

你想通过解释，让对方觉得你是一个有礼貌、性格随和的人，你希望通过自己的回答给对方留下好印象。如果不考虑这些，仅从回答的必要性上来说，你觉得不需要解释，那就不要向对方解释。仅仅为了获得"好印象"（有礼貌、性格好、这个人真不错）这种"廉价"的社交货币而被对方操控，也没有必要。你无须获得任何人的认可、原谅或好感。

进一步说，如果你不在意对方的评价，你是不是就无须向对方解释了呢？如果你把评价自己的权力从他人那里收回到自己手里，是不是同样无须向对方解释了呢？如果你是自己言行唯一的、最终的判断者，是不是就无须向对方解释了呢？

答案一定是**我不需要向对方解释**。

很多人在沟通和交流时，在价值排序上，把他人对自己的看法放在自己的想法前面，即把他人的想法放在了比自己的想法更高的位置上，这种"高位搁置"一定会让你被他人的想法左右。

准则三：不要自我讨伐

在日常生活中与他人交流时，弱势心理的人最容易出现的问题是：一旦被他人指出做事存在问题，第一时间就会把观察的对象锁定在自己身上。"哎呀！有人说我了，那一定是我做得不对，否则他怎么不说别人就说我呢？"于是，他们便拿着放大镜对自己"鸡蛋里挑骨头"式地苛责。

由于工作关系，我经常与电视台等媒体的年轻编导对接工作。有一次，我要给一家媒体做业务培训，为了取得更好的培训效果，我给对接人小高发了条微信，问她是否可以通个电话，这样对接一些具体问题的效率会更高。小高回复说："实在抱歉，老师，您真是考虑得周到，我怎么没想到和您电话沟通呢？反而让您先想到了。"

第一次看到小高这样的留言，我也没有往心里去，以为年轻人对待工作比较上心罢了。但是，后面的工作对接让我意识到，她是一位特别容易自我讨伐的女孩。

讲课的那天，上课时间安排在 9:30 ～ 11:30，因为下午学校还有课，我不打算去食堂吃饭。小高考虑到我回学校得马上上课，好心地为我准备了午饭，让我在回学校的车上吃。我拿到午饭时迟疑了一下，因为她准备的是一份大大的盒饭，是那种需要取下盖子，有桌子才方便吃的盒饭。我在出租车的后排座上吃这种盒饭，实在不方便。

正好着急上车，我就说："小高，多谢你了，在车上吃这个盒饭有点儿不方便，我先走了，再见。"

我坐上车，没过五分钟，小高一篇足足有 200 多字的道歉信就发了过来。她为自己考虑不周深深地道歉。她说，自己应该问我午饭想吃什么，或者去公司的咖啡厅帮我买一个三明治，她对自己的不称职感到非常抱歉。

看完小高的道歉信，我愧疚起来。刚才我只考虑到在车里吃盒饭不方便，没多想就回绝了她，结果使她开始内耗，我还不如拿上她给我的盒饭呢，现在还要费这么多口舌来沟通这样一件小事。

你是不是很好奇，仅仅是一份工作餐，小高为什么要如此自我讨伐呢？

下班回家后，我给小高发了微信，我是这么写的：

> 小高你好，我下午有课，没能及时回复你的信息，刚到家就想着赶紧给你回信。
>
> 首先，特别感谢你。从对接这次培训开始，你的工作特别细致，让我可以很顺利地完成培训工作。
>
> 其次，我看了今天中午你给我发的文字，作为你的长辈，也是你的老师，我想说的是，你不要这样自我讨伐，因为自我讨伐太伤害自己，仅仅是一顿午餐而已。

有了这次的经验，下次接待其他老师，多考虑一下就可以了。

最后，我想对你说，你是个做事非常靠谱的人。

收到我的信息后，小高发来了简短的回复：老师，太谢谢您了，还给我回复了这么多内容。您说"自我讨伐是对自己的伤害"，这句话点醒了我，我知道该怎么做了。多谢您了，晚安。

如果你做错一点事情，就会一个劲儿地鞠躬致歉，甚至流露出"罪该万死"的自我讨伐姿态，你的沟通对象便很容易掐住你的七寸，从而拿捏你，然后你就被对方控制住了。

习惯自我讨伐的人遇到问题时，先找一找是不是自己身上出现了问题。一旦发现问题出在自己身上，他们就立刻觉得自己万劫不复，对不起身边所有人，希望以自我讨伐的方式得到他人的原谅，以便让自己心里好过一些。

而正确的做法是，你需要思考：我真的做错了吗？这个过错是真的过错，还是我自己认为的错，或者是他人判定的"我的过错"呢？

他人判定是你的过错，通过沟通让你认为是你自己的过错。一旦你本人对此表示认可，他人就可以指责你，让你认为需要为自己所犯的过错做出补偿。而错误与否和立场、价值判断、利益双方有关，不是简单的对与错。所以，不要自我讨伐，因为这样做害处很多。

自我讨伐，首先伤害的就是你自己。在生活中，任何一个人都会说错话、做错事。从主观角度来说，谁都想把事情做好。面对自己犯下的错误，吸取经验教训，下次注意就好了。对很多成年人来说，承认自己做错事，已经很不容易了。因为从人的本能角度出发，我们面对错误的第一反应是解释和辩解，然后是推诿和逃避，不得已才会承认。毕竟在他人面前承认自己错了，是需要勇气的。

自我讨伐是承认错误之上的一种表现，如果说承认错误是 1.0，那么自我讨伐就是 5.0 了。为什么这么说呢？我们来看一下自我讨伐具体指什么。

讨伐原指出兵攻打。那么，"自我讨伐"就是自己出兵打自己。

首先，从对自己造成的伤害程度上来说，"自我讨伐"要比"自我批评"严重得多。作为成年人，承认自己的错误并向他人表示歉意，已经是很不容易的事了，而自我讨伐，从适用场景来说，对应的是犯下不可饶恕的错误，他人无法原谅，你怎么道歉都不为过的情况。显然，一顿午饭不至于让一位工作人员这样"伤害"自己。

其次，自我讨伐会让你容易被他人趁虚而入。在常人看来，一个简单的道歉就可以解决的问题，你却层层加码地自我检讨，势必会让对方难以理解。面对你的自我讨伐，好心人会发出最真诚的劝慰，告诉你"事情没有那么严重，不要这么苛责自己"。但如果对方是想控制你或别有用心的人，你的自我讨伐便给他们提供了机会，他们会在你自我讨伐的基础上，继续苛求于你。

　　对照上述的说法，你可以先判断一下自己是不是一个容易自我讨伐的人。如果是，你可以通过下面的方法，来判断你周围的人。当你在他人面前自我讨伐时，如果对方劝导你，他便是一个善良的人；如果对方听你说完，还要落井下石，踩上一脚，让你越来越讨厌自己和嫌弃自己，你就要提醒自己，面前的这个人可能要指责你、控制你了。

　　自我讨伐容易出现在有强势的父母的人身上。在孩子小时候，强势的父母习惯于控制弱势的孩子。随着孩子长大，他们的自我意识开始出现，父母为了让孩子"听话"，或者担心孩子不听自己的会惹出大麻烦，便可能采用恐吓的教育方式。在孩子缺少判断力的情况下，他们会担心自己做错事导致无法挽回的局面，或者担心自己不听话会让父母不高兴。有些孩子做错事后，会立刻道歉，力图得到父母的原谅。如果父母不原谅，他们便会以更加深刻的态度和苛责自己的语言来表达歉意、忏悔。他们会过度道歉，直至发展到自我讨伐，让父母满意为止。

　　我有一个发小儿，她的妈妈特别厉害，我们几个小伙伴每次见到她的妈妈，都很害怕。有一次，我们去她家写作业，进门后忘记把脱下来的鞋子摆好。她的妈妈下班回家后，当着我们的面把她臭骂了一顿。她也不哭，只是一个劲儿地道歉："我忘了把鞋子摆好，我下次注意，妈！如果我下次再这样，我就自己罚站，我就不吃饭。"

听着她们的对话，我们大气都不敢出。那时候的我们，只觉得她的妈妈很厉害。

后来，我们上了大学，参加了工作。有一次她给我打电话，一开口就哭了，原来她们公司元旦组织活动，三等奖的奖品应该买 12 个，她忙糊涂了，记成了 10 个。颁发奖品时，有两位同事没有拿到。同事站在台上看着她，把她看得非常尴尬。她说："同事从台上下来之后，我一个劲儿地道歉。你说我是不是得请他们吃饭？我要自己掏腰包把那两件奖品补上。都是因为我，把他俩晾在了台上，他俩是不是觉得很丢人？"

听她这么说，我接话说："会有一点尴尬吧，但是元旦活动嘛，大家就是为了玩，你这么大张旗鼓地道歉，又是鞠躬又是请吃饭又是自掏腰包补奖品的，会把同事吓着吧！"

"你怎么知道的？他们还真这么说了，说我不是故意的，也没有必要请吃饭，说我已经道歉了。"

我劝慰道："少买两份奖品而已，也不至于让公司领导质疑你的工作能力，你不要大惊小怪的。"

准则四：改变想法再正常不过了

对想法多、经常改变想法的人，我们似乎难以产生好印象，总觉得这样的人没有长性，做事不会有始有终。

我在辅导 2022 级播音主持专业本科生班级的一位学生准备演讲时，从她的演讲内容中深刻地体会到改变想法是再正常不过的事情了。我们不能因为担心被他人评价或批评，而不敢改变自己的想法。

这位来自马来西亚的留学生叫陈蔚轩，她的演讲题目是"为 3 分钟热度鼓掌"。我把她的演讲稿内容摘录了一部分，一起来看看她对"改变想法再正常不过了"的思考。

2021 年，我考上了中传，因为某种原因办理了休学手续。休学的这一年，我上过 3 个月的马来西亚大学课程、做过 3 个月的直播、3 个月的短视频运营，还当过 3 个月的小学教师。听出来了吧，我和 3 较上劲了。看似不太靠谱的我，恰恰因为 3 个月的短视频运营经历，找到了现在这份已经干了 2 年的兼职短视频剪辑工作。不被看好的频繁换工作的人，没有因为各个工种只干 3 个月而遭到公司上级的嫌弃。

回头望去，那些看似不靠谱、没有长性的 3 分钟热度，和每一段短暂的尝试，都是我探索和发现自我的过程。我并不否认 3 分钟热情带来的问题，但它未必就是错的。我认为一股脑儿尝试后，觉得不适合就放弃，才是明智之举。

放弃不是错，放弃后不深思才是错。我们不能让热情仅停留在有热度的层面，而需要深入思考：为什么自己那么快放弃？为什么这件事情不适合自己？自己在这件事情上学到了什么？下次该如何规避不适合自己的事情，这也是某种意义上的节省时间。

了解自己是让自己进步的最佳方式。正是这种心血来潮的冲劲，让我们可以趁年轻，凭借试错成本低，去不断尝试、不断探索，挖掘自身的潜在能力，一位现实的行动者怎么也好过一个只想不动的人。

看到上面这些文字，你是不是对改变主意、改变想法的思维方式有了新的认知？我在给陈蔚轩做演讲辅导时，她告诉我，她笃定这个主题对当下的年轻人很重要。细想一下，它不仅仅对年轻人重要，其实对所有人都很重要。听完她的阐述，我在心里暗暗地给她点了赞。

演讲定稿后，她的故事让我更深刻地意识到，我们不仅要"我嘴说我心"，还要"我嘴说我想"。

陈蔚轩关于 3 分钟热度、改变想法的思考，从底层逻辑上说明，一个人不仅可以改变想法，还可以高频次地改变想法。高频次改变的目的是不断发现什么才最适合自己，未来如何规避不适合自己的事，这也是另一种意义上的节省时间和精力成本。

接下来我们需要思考：我们为什么对改变想法这件事情如此在意？是谁对我们改变想法的举动发表过看法，且这个看法让我们觉得改变主意是不对的？

来看下面的沟通场景。

你和别人说话时，总是打断别人是不对的！

咱们一起去饭馆吃饭，每次点餐你都只点自己喜欢的，这样不合适！

大家讨论业务，为什么你总觉得自己说得对呢？

你昨天说假期去电视台实习，今天又说假期去考驾照，你怎么一天一个主意呢？

这是日常生活中，我们可能会听到的来自他人的提醒、批评或建议。你需要在辨别它们是沟通还是控制的基础上，启动自己的反操控装置。

这里有三个方法，帮助你辨别他人的言论是沟通还是控制。

第一个方法，**明确话是谁说的**。要想不被他人控制，一定要先看话是从谁的嘴里说出来的。有些人对来自他人的言论有一些错误的理解，认为只要自己被他人说了，就是自己不对。

"老师，你说他们为什么要这么说我呀！"

"他们是谁呀？这个问题你需要考虑清楚，不是所有人的言论我们都应该照单全收。"

对那些喜欢闲扯、什么事情都要过过嘴瘾的人说的话，不要往心里去，如果中招，那你就是被流弹击中了。

而那些对事情有专业判断、为人处世一贯公平、评价工作中的问题和生活中的事情以客观事实作为判断依据的人，他们的话我们需要考虑。

第二个方法，**明确言论的焦点是行为规范，还是主观判断**。

你和别人说话时总打断别人是不对的！

咱们一起去饭馆吃饭，每次点餐你都只点自己喜欢的菜，这样不合适！

大家讨论业务，你为什么总觉得自己说得对呢？

这几句话，是在批评他人的不当行为。

我们再看看下面这句话。

你昨天说假期去电视台实习，今天又说假期去考驾照，你怎么一天一个主意呢？

看出来了吗？这个人主观上不认可你的行为，这与前述几句话所触及的行为规范不是同一个层级的问题，这句话反映了他个人对你的看法，而且这个看法没有社会行为规范作为依据。

所以，对他人针对你的负面言论，你要看这个言论是对方客观地指出你的行为不符合社会规范的，还是他对你的行为的主观感受。

在我看来，改变想法是一个人不断提升自我、驱动向前的表现。

作为大学教师，我的工作重点是培养学生的专业素养。让我明显感觉到学生正在一点一点进步的恰恰是他们经常改变主意。他们今天说自己打算多看人物专访的节目，明天又说要开始做个人视频账号，无论他们打算做什么，都说明他们处于学习的状态。因此，身为老师，我反而害怕他们在学习和认知上停滞不前，觉得做这个不容易，做那个又不会，干什么都有畏难情绪。这样的学生是带不出来、教不出来的。

我有一个学生，业务能力特别强，参加过很多次电视台的主持人大赛，并取得了不错的成绩，也获得了很多出镜做节目的机会。从很早开始，他就设定了一个明确的职业目标。但在追求职业目标的道路上，他不是一条道跑到黑，而是不断调整着赛道。

有一天他问我："老师，你觉得我这个人没长性吗？"

我回答道："没有呀！为什么这么问？"

学生说："我的室友说我今天干这个，明天干那个，好像什么都想干。"

我反问道："那你觉得室友说得对吗？"

学生说："我就是不大认同室友的话，所以才来问您。我虽然干这又干那，但我不是'三天打鱼两天晒网'，做得对的，我会坚持；不对的，就及时止损。"

我鼓励他说："你想得没错。你的自我判断，我也是认同的。我觉得你是一个很有韧劲的人，想法多，但是坚持做什么，不继续做什么，你是经过深刻思考的。"

从我和这个学生的对话中可以发现，对外界的声音，这个学生不会盲目听从，他会利用身边的智库（例如导师）来帮助自己做判断，这充分说明他是一个心理强势的人。既不被室友左右，也没有被我左右，他有自己独立的判断。

准则五：不做讨好型选手

　　讨好型人格的人，最怕身边的人不高兴，他们最大的特点是希望和身边的人好好说话、好好沟通，没有冲突和矛盾。如果自己和其他人意见不同，为了不破坏氛围，他们会放弃自己的想法。

　　在日常生活中，讨好型人格的人特别好识别。

　　具体来说，讨好型人格的人特征如下。

　　第一，好说话。凡是有人找他帮忙，他都不会说一个"不"字。自己会的，帮着做；自己不会的，现学也要帮忙。

　　第二，在意他人的情绪。讨好型人格的人极其关注他人的情绪，对他人的情绪很敏感。只要对方说话比平时快一点儿或急一点儿，他们就想马上让对方恢复平稳的情绪状态。

　　第三，不表达内心的不满。与他人沟通时，意识到对方说的话伤害到了自己，他们也不会立刻表示不满，更不要说反驳或宣泄情绪了。他很少会在第三人面前表达对某人的不满。

　　第四，"背黑锅"。团队中习惯讨好他人的人，往往容易"背黑锅"。为了帮助他人，哪怕自己不会做的事也要现学来帮助他人。这就往往导致做不对、做不好的情况。一旦出现问题，他人推卸责任，讨好型人格的人不好意思推卸，就自己"背黑锅"了。

很多人会感到奇怪，讨好型人格的人这样做不是在自我伤害吗？为什么有人这么傻，成为这样的人呢？这里要说的是，讨好型人格的人，其性格成因与成长环境有关。很多时候，他们自身是难以克服这样的思维模式和与人相处的方式的。

为了获得适合自己的生存环境，他们希望通过"委屈自己"而达到与他人和睦相处的目的。说起"委屈自己"，即便违背个人意愿、损害个人权益，他们也会放弃自我意志，去主动迎合他人，目的是让他人满意，以他人情绪代偿个人情绪。但这种代偿又是不自知的。面对他人的情绪与自己的情绪，他们通常会第一时间选择顾及他人的情绪。

我在日本留学时，有一位同学小李就是这样的性格。他的父母在他上小学时离异了。小李的妈妈很强势，得知小李的爸爸再婚，成天在家里骂他爸爸，也骂他。为了少惹妈妈生气，小李从小就很听妈妈的话。小李比我早一年到日本，本科学的是日语专业，在与教授和日本同学的沟通上，比我有语言优势。

我刚到日本时，还不太会日语，经常找他帮忙。我每次找他，他都会帮我。我发现，只要有人开口求他，他就会放下自己的事情去帮别人。一来二去，很多中国留学生对他的态度从"不好意思，特别麻烦你"变成了"你这个人，快点儿、快点儿"。

后来发生的一件事，让他开始彻底反思讨好型人格给自己带来的负面影响。

有一天，我们留学生需要提交一份申请大额奖学金的表格，而那天是提交申请表的最后一天。按理说，这么重要的申请表应该本人去提交，但小李的室友想着不去打工便会少挣一天的钱，就找小李帮忙提交申请表。

小李接过申请表，说："这个奖学金的金额可不少，要不你自己去交？万一有闪失怎么办。"

室友不耐烦地说："让你交个申请表怎么这么费劲？能有什么闪失，你帮我交一下还不行？"

小李一看室友不高兴了，赶紧说："我怎么能不帮你交呢，顺手的事情，我就是担心会有闪失。"

他的室友说："要是有闪失，也是你故意的，哈哈。拜托了！"

结果，意外发生了。

小李后来对我说，他到研究生院办公室准备交申请表时，才发现把室友的申请表落在了宿舍。从室友手里接过申请表的时候，他担心把申请表弄脏，就先放在了床上，结果出门时着急，忘了装进书包。如果回去拿，时间肯定来不及了；而重新打印一份提交，没有室友的签字也不行。

小李回到住处和室友说起这件事，你们猜怎么着？

小李说了一万个对不起，室友却一万个不乐意。按理说，这是室友自己的事情，他为了打工赚钱自己不去交申请表，找小李帮忙，这本来就是托人办事。结果中途出现了问题，就把责任一股脑儿地推向了帮忙的人。

这件事发生后，小李一直觉得自己对不起室友，生活中总是尽力照顾室友。可是，事与愿违，他和室友的关系反而越来越糟糕，最后他们已经没有办法合租了。

小李对我说这件事时，是这么反思的：在对方的情绪和自己的做事原则出现矛盾时，应该遵从自己的内心，坚持原则，而不是做老好人，过于顾及对方的情绪。因为坚持自己的做事原则，至少自己内心舒畅；如果顾及对方的情绪，一旦出现问题，就像交申请表的事，本来违背自己的原则，自己心里已不舒服，又加上出现意外导致对方不满意，最后，没有一方是舒服的。

我们再来细致分析一下小李是如何一步步退让的。

首先，他不好意思回绝。小李有讨好型人格，面对他人的求助，自己虽然想拒绝，但不好意思说出来。正确的做法是，如果你觉得不应该做这件事，该回绝就回绝。因为帮忙是情谊，不帮忙是本分。

其次，面对弱控制就屈服了。从小李和室友的对话可以看出来，室友只是抱怨了一下，情绪并不激动，也没有大声呵斥。从说服的力度来说，最多算是弱控制，连威逼利诱都算不上。室友没有费多大力气就控制了小李，让他帮自己提交申请表，还是在小李觉得这么做不合适的情况下。

这样分析下来，不难发现，讨好型人格的人很难坚持自己的想法，关键不在他人，而在自己身上。

解决这一问题的核心是**听从自己内心最真实的声音**。小李当时只要坚持不帮忙，室友提交申请表的事就与他无关了，最多听室友抱怨几句。而在讨好型人格的支配下，小李不好意思回绝，结果给自己招惹了事端，还招致室友的不满，得不偿失。

准则六：帮不了别人时不要内疚

请关注这两个问题：你有能力帮助别人，却没有帮助他，你有错吗？你没有能力帮助别人，没能去帮助他，你有错吗？

答案都是你没有错。

复盘上文提到的小李这件事，还有一个关键点。

小李没有帮上室友的忙，还给室友造成了难以挽回的损失，心里十分过意不去。为了弥补自己的过失，在接下来的日子里，他竭尽全力地想挽回两个人的关系，做什么事情都以室友的需求为先。明眼人一下子就能看出来，小李越卑微，室友越不把他当回事，不到三个月，室友便提出结束合租生活，让小李搬离了公寓。

所以，帮不了别人，千万不要内疚。

如果你没有建立"我只为自己负责"的意识，你就有可能受制于人。

无论问题是什么原因造成的，是由谁导致的，任何一个人想要解决问题，都应该自己去完成，每个人都是自己的最终责任人。他人让你为他们做事，本身就是不对的。例如小李的室友把自己该做的事情轻而易举地转嫁到小李身上，变成小李该做的事情。

那么，他人是如何让你产生"我不帮忙就不对"的奇怪想法的呢？他们的做法极其隐秘：他们会建立一个适用于他自己的处事逻辑和价值观，然后将此强加在你的头上，如果你不履行他所说的"义务"，你就有错，而他的处事逻辑和价值观也变得比你的处事逻辑和价值观更正确、更重要了。

怎样理解他人的这种处事逻辑和价值观呢？

想想生活中是不是经常出现这样的对话：

> 你怎么天天点外卖呀？过日子得学着做饭！
>
> 人家的妻子过年的时候都跟着丈夫回婆家，你为什么就不跟我回去呢？
>
> 你到底选哪个套餐呀？别站在这儿影响我们大家！

按照他人的处事逻辑和价值观来分析这三个对话场景，你就会发现，说话者的隐性操控在发挥作用，如果你掉入他的逻辑陷阱，就会跟着他的逻辑来思考问题而失去自己的判断。

第一个场景，他人的隐藏逻辑是：我们家是正经过日子的人家，我们都自己做饭，点外卖的都不是正经过日子的人。

第二个场景，他人的隐藏逻辑是：跟丈夫回婆家过年的才是好妻子，你不跟我回家过年，你就不是好妻子。

第三个场景，他人的隐藏逻辑是：你磨磨蹭蹭地站在这儿，一直没有确定到底买哪个套餐，你不对，你影响我们点餐了。

对方站在自己的处事逻辑和价值观角度对你批评指责，他们不会考虑你可能是因为工作忙无法做饭，也不会考虑可能因为婆婆不讲理，你才不愿意跟丈夫去婆家过年，更不会考虑你可能因为近视看不清价格表，点餐才慢一些。

在这条原则里，我们需要关注一个词——**内疚**，下面来看看关于内疚的解释。

内疚是指一种个人对自己的行为或疏忽感到后悔和自责的情绪状态。当一个人认为自己的行为不符合道德标准或伤害了他人时，可能会感到内疚。这种情绪常常伴随着想要弥补错误的愿望。关键点是：无论他人怎么想，无论事情本身是怎么回事，只要你觉得自己做错了，你就会产生内疚心理。可以说，内疚心理是一种极其主观的心理状态。

我们再看看"帮不了别人"而内疚的情况。

"帮不了别人，不要内疚"是指同事、朋友或其他人请我们帮忙，我们由于帮不到对方，内心因此产生了愧对他人的情绪。但每个人的能力有限，有些事情能做，有些事情不能做。他人需要帮助，我们能力有限，没有帮成，这是很正常的，没必要为此感到内疚。

在"帮不了别人"的前提下，我们首先需要考虑的是自己是否有能力、有意愿帮助他人。

第一种情况，我们有能力帮助他人，但是综合各种因素，或者从主观愿望上，不想去帮助他人。比如同事今天晚上下班后，想去城东的一家羽毛球馆和朋友打球，你在回家的路上正好路过羽毛球馆，同事提出搭你的顺风车。但是，你打心眼里不喜欢这位同事，因为她特别喜欢背后"嚼舌根"，一想到要和她在狭小的车里待半小时，你就浑身不自在。

面对这位同事渴望的目光，你可以回绝对方搭顺风车的请求。

你：不好意思，我今天不方便。

同事：不方便？你不回家吗？你下班不回家，干什么去呀？

遇到类似这种你有能力帮对方，但是主观上不想帮的情况，就要听从你的内心，不被他人裹挟。你不用担心，没帮这位同事会不会导致她向其他同事说你的闲话，更无须向她解释为什么不帮她。总之，直接回绝，什么也不要解释。

因为你有权力不去向任何人解释。

有能力的情况下，你可以帮助他人，也可以不帮。帮与不帮，都无须向他人解释和说明，更无须自我谴责，甚至自我讨伐，因为你有权力这么做。

第二种情况，如果你没有能力帮助对方，却因对方可怜或值得帮助，而为自己的无能为力产生内疚心理，就更不应该了。

举一个例子。小文给朋友大海打电话："大海，我想向你借些钱，我女朋友下周过生日，我想给她买一个包，我们最近经常吵架，我想用这个包来哄她，不然她就要和我分手了。"

听小文这么说，大海一下子傻眼了，他昨天刚买了一个笔记本电脑，钱都花完了，实在帮不了小文。

大海帮不了小文是再正常不过的事情，可大海觉得，自己没钱借给小文，有可能导致小文和女友分手。天呀！是自己导致最好的朋友失恋的。大海承受不了这个结果，身为小文最好的朋友，当小文需要帮助时，自己竟然不能挺身而出，自己这朋友当得实在不怎么样，好无能啊！大海甚至产生了向朋友借钱去帮小文渡过难关的危险想法。

这种宁可自己背上不必要的负担，也要让他人减轻负担的人，你我身边都有。他们见不得他人陷入困境，即便自己没有能力帮忙，也要创造条件帮助他人。

我有一个学生就是这样的人。她的同学小王经常在她面前说自己喜欢一位师哥，可是一直没有机会认识师哥。一来二去，小王想认识师哥就成了我这位学生的心病。一次社团活动，我这个学生碰巧与那位师哥合作，为了方便沟通，他们互加了微信。活动结束后，学生和我聊起这事，信誓旦旦地说，这周末得设个饭局，把小王介绍给师哥，这学期小王在她面前说过很多次喜欢师哥。

我问道："这顿饭是小王让你准备的吗？还是她整天缠着

你，让你这么做的？"

学生说："不是呀！是我自己想这么做。"

我接着问道："为什么你对这件事这么积极？"

学生立刻笑了："老师，您是没看见，小王在我面前说到这位师哥时，那可怜的样子呀！我怎么也得帮她一把。"

听完学生这么说，我解释道："朋友之间吃饭没有问题，问题的关键是你想解救小王于水深火热之中，你见不得她单相思。其实整件事情听下来，小王也没有苦苦央求你帮忙介绍师哥，是你看到她的样子心生怜悯，被她可怜巴巴的样子控制了。你仅仅是无法面对小王的状态，就告诉自己必须帮助她。基于这种情况，我需要提醒你的是，不要自我感动，更不要在对方没有提出明确诉求时主动去帮忙。我不是在谴责你的热心肠，而是提醒你，不要被他人的状态所操控。"

以上两个案例，一个是有能力帮助对方，但是主观上不想帮；另一个是没有能力帮助他人，却因为帮不上忙而自责，甚至产生创造条件去帮别人的错误想法。无论是上述哪种情况，我们都要记住"帮不了别人，不要内疚"这条反操控的强势心理的基本原则。因为任何事情的第一责任人都是当事人，你不是当事人，做不到或不想做，都没有错。

心理学认为内疚是一种社会情感，因为它与我们对他人的责任感和个人价值观有关。适度的内疚感可以促使人们采取补救措施或改变行为，但过度的内疚则可能导致心理问题。

"帮不了别人，不要内疚"，这里所说的内疚就属于过度内疚，这种内疚会让你为了补偿或弥补所谓的过错以寻求他人的原谅，而放弃自己原本的意愿，在被他人裹挟或自我裹挟的情况下去完成一些不必要的事情。

准则七：我不在乎、我不明白

　　我的朋友圈里有一位著名编剧，名叫宋方金，他在自己最新出版的专著《走向上的路》中，总结了人与人之间的四种关系。

　　第一种是"人上见"。最常见的亲人之间的关系。同学关系也算，但毕业后大家就星散四方，个别同学成为朋友或闺密，也算长久的"人上见"。

　　第二种是"事上见"。最常见的是同事或合作伙伴。"事上见"的人，往往事后就不大见了。一件事可知一个人，而人，大部分是经不起"知"的。

　　第三种是"场合上见"。最常见的是同行或关键意见领袖（KOL），你经常能在某些场合遇见他们，甚至也算熟悉，但回想起来，你们一句过心的话也没说过。场合上见的人，往往逢场作戏。

　　第四种是"酒上见"。典型的说法是，酒肉朋友。大家召之即来，挥之即去。"酒上见"的人，都是江湖儿女。但江湖儿女，日渐少。

　　对这四种人际关系的说法，我觉得很有意思。在此，我们无须关心划分标准，只需关注这样的划分是否给我们带来了启示。

人与人的这四种关系，用来帮助我们理解强势心理反操控再合适不过了。为什么这么说呢？思考一下：阻碍你说出"我不在乎"的根本原因是什么？

你担心对方觉得你自大、高傲，听不进去别人的意见；你担心自己这么说会冒犯到对方，让对方下不来台，出现尴尬的情况；你担心围观的人听你这么说，觉得你一意孤行、自以为是，背后说你的闲话；当然，你更担心说完之后，会遭到更多批评、责难，或者冲突升级。

从强弱关系的角度分析人与人的这四种关系，你会发现，强连接关系是"人上见"；弱连接关系是"事上见""场合上见""酒上见"。其划分依据是人与人之间是否建立起较为持久的情感关系。

在弱连接关系中，人与人之间的情感颗粒度小，更多关注的是共同目标，很多事情是在共同目标下推进的。在这一导向下，人们主动降低情感需求，将情绪需求让位于共同目标。比如，大家不会那么在意有没有归属感或团队有没有向心力，同事之间出现一些情绪和矛盾也属正常。

所以，不用担心自己说"我不在乎""我不明白"会造成什么严重后果。因为现在职场也开始迎合年轻人了。

说出"我不在乎""我不明白"的冲动，一直在你的身体里酝酿着，没有说出口的原因都集中到了一点——你担心他人对你的评判。

别忘了，非弱势心理的基本原则是：**只有我自己可以评判我自己**。

一个人大胆地说出"我不在乎""我不明白"的底气是，我不按照你说的"完美"去做，我不按照你说的标准来衡量我自己。因为那是你眼中的标准，不是我眼中的。

同事说："你为什么总是喜欢一个人躲在工位吃午饭，而不是和大家一起在楼下的休息厅吃？你不担心长此以往，大家觉得你不好相处吗？"

你想的是：我可不在乎你们怎么看待我。你们在一起天天八卦同事、聊明星离婚，我可不想和你们说这些。

但是一张嘴，你却说："我中午的时候要听一个在线课程，有点儿不方便。"

同事继续说："听在线课程？你不要这么'卷'好不好？要是大家知道你连吃饭都这么努力，你会被孤立的！"

看来你不用大招，同事会没完没了地说下去。

"不好相处、被孤立，我可不在乎这些，你们都已经有职业资格证了，我还没有呢！"你反驳道。

虽然我们每个人都无法做到完美，但是有些人会不自觉地要求你尽力做到完美，你做不到的话，他们也会要求你起码表现出努力要做到的样子！遇到抱着这些想法的人时，请不要客气，直接说"我不在乎"就好。

就像上文的案例，"大家觉得我不好相处"，他们这么想又能怎么样呢？分配在一起干活，难道不与我合作吗？显然不会，所以我不在乎。"我会被孤立吗？"，我上班自己来，下班自己回，周末自己过，中午不和大家一起吃饭，同事们就孤立我？都这么大的人了，难道还能像小学生那样，不和谁玩就不和谁说话吗？所以，我不在乎。

2024 年巴黎奥运会期间，小米科技创始人兼 CEO 雷军在 7 月 29 日发了一条微博。关于年龄焦虑，他高声倡议："苏炳添到我们巴黎的特展来串门，聊到了年龄焦虑的话题。我的观点很简单，只要你有追求，只要你还在打拼，就不用在乎，心理年轻最重要。我经常自嘲，像我这样的年轻人应该如何如何。其实，只要你自己不焦虑，不用管别人是怎么想的！"

雷军出生于 1969 年，2024 年他正好 55 岁。在一般人眼里，这个年纪应该考虑养老了，可是我们看到，最近几年出现在公众视野中的雷军充满活力。他为小米成立十周年、新车发布、新产品发布做演讲，这类演讲以直播方式传播，一场下来长达三四小时之久，我们从来没有看到他露出疲态。

超长时间的演讲，不仅是强脑力劳动，更是强体力劳动，对任何年龄段的人都是巨大的考验。事实证明，雷军总是可以交上 100 分的答卷。说到年龄焦虑，作为知名企业家，频繁在公众面前露脸，他的焦虑指数应该不亚于明星艺人。然而，从这短短一段话中，我们可以了解到他的想法——只要你自己不焦虑，就不用管别人怎么想。他的意思是，如果你有年龄焦虑，那你就去在乎年龄，反正我（雷军）不在乎。

我不按照你说的"完美"去做。

我们并不是随心所欲地说出"我不在乎"的，这里的底层逻辑是，**我们不被他人裹挟，不被倡导所谓完美的那个人裹挟**。

我们什么时候可以说"我不明白"呢？

生活中，你身边是不是有这样的人？

今天的例会上，公司领导话里话外到底在说谁呢？

你不觉得，对面那个一直盯着我们这桌看的小伙子，好像对你有意思吗？

今天晚上的观影活动，哪位导演说自己没有模仿和抄袭呢？

上面这三句话的说话者有一个共同的特征——明人说暗话。如果这些话是对你说的，你该怎么接呢？显然，什么也不说不太符合沟通的原则，但是，无论你怎么回答，都会觉得自己好像不太对劲儿。这时，就是说"我不明白"的最佳时机。

我们身边有一些人，甚至我们自己，说话时喜欢使用弦外之音，就是通过暗示、暗指、启发或其他手段，希望他人主动解读自己。

"今天的例会上，公司领导话里话外到底在说谁呢？"

听到同事这么问，一般人会开始思考，领导到底是在说张三还是在说李四？好像不直接回答这个问题，就不对。同事在问这个问题时，心里可能有一个人物画像，而这个谜底，他希望由你揭开。

这种做法的底层逻辑是：你必须理解他人；针对他人的需求，你要提供有效的服务；如果你拒绝服务他人，就显得你没有责任感，或者愚蠢。

面对这种做法，你可以直接说"我不明白"，因为你不需要做他人眼里那个聪明人或有眼力见儿的人。

- 今天的例会上，公司领导话里话外到底在说谁呢？

  我不明白，公司领导说的是什么意思。

- 你不觉得，对面那个一直盯着我们这桌看的小伙子，好像对你有意思吗？

  不明白，他盯着什么呀？

- 今天晚上的观影活动，哪位导演说自己没有模仿和抄袭呢？

  我不明白，导演为什么这么说。

说出"我不明白"的目的是不介意他人如何评判自己，

不介意他人因为自己没有顺他们的意而产生不满情绪，更不介意他人因此说自己"不知所云，答非所问"，因为"只有我可以评判我自己"。

3

第三章 ▶ 非弱势沟通的
八大表达法

　　本章将探讨在具体沟通场景下，你可以使用哪些沟通方法来坚定地表达自我。

　　谈话内容、沟通目的、人际关系、人物性格，以上这些因素都会左右具体的沟通。无论面对多么复杂的沟通场景，你要始终牢牢把握住一点：**我嘴说我心**。

　　有些沟通带有明显的目的性，还有一些沟通的目的性具有一定的隐蔽性。要想拥有一双慧眼，识别沟通中或明或暗的操控，就需要了解沟通和表达的底层逻辑，帮助自己在身处任何一场对话中，都可以抓住核心问题，表达到位。

　　第一，沟通的本质就是希望对方按照自己说的去做。

　　同事 A 和同事 B 商量中午吃什么。即使这样的日常闲聊，也会存在彼此若隐若现的操控对方的表达痕迹。

　　　　A：中午咱们吃"张记麻辣烫"吧！

　　　　B：又是"张记"？我想吃它家旁边的米线！

　　　　A："李家米线"？

　　　　B：是啊！那家米线的汤多好喝！

　　　　A：那汤都是"科技与狠活儿"！ ❶

　　　　B：好像麻辣烫里就没有"科技与狠活儿"似的！

　　我们来分析一下这段对话。

　　同事 A 直接说要吃麻辣烫，丝毫没有征求对方的意见。

---

❶ 科技与狠活儿，网络流行词，指通过添加各种添加剂制作食品。——编者注

按常理说，同事一起吃饭，应该先征求一下他人的意见。但是同事 A 这么说，可以断定她想让同事 B 和自己吃一样的，没想听同事 B 的意见。

"中午你想吃什么呀？咱们吃麻辣烫怎么样？就是那家'张记麻辣烫'。"如果同事 A 这么说，商量的意味就比较明显。

再来看同事 B。"又是'张记'？"同事 B 一张嘴就是对同事 A 的质疑。她对同事 A 的提议有些反感："你喜欢吃，我就必须跟着你一起吃吗？"

同事 B 想吃的是米线。

同事 A 和同事 B，你不让我，我不让你，在选择午饭的事情上，都抱着"你得听我的"的态度。

有人会说，也许是因为她们的关系太好了，相互太熟悉了，才会这么说话。但是，无论是关系一般，还是亲如姊妹，同事 A 从提议吃什么开始，就已经隐性地希望同事 B 做出特定选择了。

可见，**沟通的本质就是希望对方按照自己说的去做。**

第二，在沟通中，如果诉求难以达成，那么有情绪宣泄需求的一方，通常会寻找情绪出口。这个情绪的宣泄可能在沟通进行中发生，也可能在沟通结束后发生。

无论是同事 A 还是同事 B，表面看是在和对方商量吃什么，实际上都没有在肯定对方提议的基础上说自己的想法。反而为了让对方认同自己，达到自己的沟通目的，都是直接表达自己的想法。所以在接下来的对话中，他们开始否定对方的饮食喜好，从美食的判定标准上否定对方。本来两个人为午饭吃什么而展开对话，但由于谈话方向逐渐偏离，直接导致两个人互相嫌弃，最终谈话落在"我不认可你的选择和判断"上。

两人都想影响对方的选择，在吃午饭这件事情上，他们势均力敌。不过，即便发生了不愉快，由于社交成本很低，彼此都不会在意。

第三，开口前所做的事，决定了沟通的最终方向。如果问心理弱势的人，今天的沟通有什么目的，他会说"那得看看对方是怎么说的"。如果问心理非弱势的人，今天的沟通有什么目的，他可能会说"那必须按照我说的做"。为什么会出现这样的认知差异？原因就在于，心理非弱势的人在与人沟通前，已经100%打定了主意——对方必须听自己的。

心理弱势的人想捍卫自己的权力，在与他人沟通前，就要确认自己的想法。在沟通的过程中，要不断地进行自我心理暗示，坚持自己最初的想法，不要被他人左右。否则，一旦对方想裹挟他，他就会习惯性地听从、屈服、看人脸色行事，当他本能地屈从对方时，对方就会毫不费力地裹挟他。

在生活和工作中，有意无意地搭话闲聊也好，目标明确的工作对接也罢，谈话双方在交流的过程中，自然会出现一方偏向强势、一方偏向弱势的情况。沟通中的内在逻辑脱离不了以下三个特征。

第一个特征：两个人交流，可能偏强势方和偏弱势方会相互转化；也可能一方始终偏强势，一方始终偏弱势。

公司领导找你到办公室聊最近正在做的人工智能（AI）项目，由于甲方对你所负责的项目组提交的短视频产品提出了新的修改意见，公司领导需要就此和你沟通。在这种情况下，从表面上来看，公司领导处于强势地位，你处于弱势地位。但在实际的沟通过程中，你的专业优势会使你在方案内容的可行性上占据强势地位，这时候公司领导有可能转化为弱势方。

第二个特征：人与人之间的社会关系，比如家庭关系、情感关系、上下级关系，在一定程度上决定了谁是强势方，谁是弱势方。但是，同样的人际关系，也会因为谈话时机不同或谈话内容不同，让强势方和弱势方发生改变。比如上小学的孩子是弱势方，父母是强势方。但三四十年后，躺在病床上的父母则变成了弱势方，站在病床边的子女则是强势方。

第三个特征：强势方引导谈话的方向、内容和结果。在势均力敌的情况下，引导权会随时被强势方把控，有些时候看似弱势的一方，也会因为话语质量高而得到强势一方的认可。不过，人们有时不会在当下就意识到。

比如，我在电梯里碰到了刚从菜市场买菜回来的章哥，看脸色他有点儿不高兴。我一问才知道，原来他被摊主隐性推销了。章哥的女儿想吃牛肉馅的饺子，他便开车去菜市场买牛肉。

摊主：买牛肉打算怎么做呀？

章哥：打算包饺子。

摊主：包饺子呀，那买这块吧！这部分的肉做馅好吃。

章哥：好呀！

章哥说，摊主一说那块肉适合做馅，自己便立刻开始盘算是让摊主来绞肉馅，还是回家自己剁肉馅。

摊主：瞧这个部位多好，62块钱！

手起刀落。章哥只能照价支付。

拿着牛肉往停车场走的时候，章哥忽然琢磨过来，三伏天的北京，气温得有三十七八度，摊主的肉就这么挂着，能新鲜吗？

章哥说："我怎么没说要冰柜里冷藏的鲜牛肉啊！我怎么就顺着摊主，让他割了挂在外面（室内）的牛肉呢？"

"肉都割下来了，肯定是退不了了。您说，他割肉的时候，我怎么就没转过弯来呢？"章哥做了事后诸葛亮。果真，我凑上去一闻，发现肉确实不新鲜了，摸上去都有点发黏了，章哥只好把肉扔了，又去别的摊位买。

类似发生在章哥身上的这件事，很多人经历过。那一刻的自己，大脑好像停止思考了。

有效沟通的基础是，你要觉察到对方在试图影响你，意识到别人在试图影响你后，要通过表达来阻止对方对你进一步影响，将被动接受转化为安全防守，甚至是主动出击。

为此，我们一起来学习非弱势沟通的八大表达法，分别是重复表达法、折中表达法、鼓励他说法、主动出击法、坦然面对法、一问到底法、视线转移法、适度反击法。

重复表达法

学生美美在上播音课时，在镜头里的状态不是很好，显得很没精神。我一问才知道，原来她们宿舍有一位自私霸道的室友，晚上很晚才洗漱，而后又吹头发，又洗衣服，特别影响其他人休息。

"你的室友为什么不能早一点儿洗漱？"我问道。

美美夹着嗓子模仿室友的样子说："我从图书馆回来就 10 点多了，洗完澡收拾完就 11 点了。"

"那她不能第二天早上起来洗澡吹头发吗？"我接着问道。

"早上 8 点起来，实在是太早了呀！我起不来呀！"美美继续有模有样地学着。

为了帮助美美解决这个问题，我把重复表达法教给了她，让她和这位自私的室友进行一场谈判。我特意叮嘱美美，第一，要反反复复地说你的诉求，每次回答她的问题，你都要说"我睡不着，你影响我休息"，要多次重复这句话；第二，注意你的情绪，不要因为她的回答而生气。

一周后再上小课，美美给我带了一杯奶茶，感谢我帮她解决了这个难题。美美把和室友沟通的情形告诉了我。

下午，美美给室友发了一条信息，约她晚上 9 点在宿舍谈点儿事情。晚上 9 点多，室友回到宿舍。

美美：今天约你，就是想和你商量，你晚上洗完澡，时间特别晚了还吹头发，我睡不着，你影响我休息。

室友：就因为这个呀！我不是给你说过吗？我从图书馆回来得晚，所以洗澡就晚了。

美美：你只要每天像今天这样提前一小时回来，就能把整个作息提前一小时了。否则我睡不着，你影响我休息。

室友：今天是你约我，我才这个时间回来的，明天可不行。

美美：大家在一个宿舍住着，公共规则需要一起遵守，你不提前洗澡吹头发，我睡不着，你影响我休息。

室友：那你戴上耳塞呀！

美美：你宁可让别人戴耳塞，也不早点儿回来？你不早点儿回来，我就睡不着。

室友：你不是睡不着吗？所以我让你戴耳塞呀！

美美：我睡不着，不是因为没戴耳塞，是你吹头发的声音太大了！

美美说，舍友为此和自己争辩了半小时之久，最后才在调配宿舍和早点儿洗澡吹头发之间选择了后者。

美美说："老师，您一开始让我和她说每一句话都带上'我睡不着，你影响我休息'，我还觉得很奇怪，这么说显得我多傻呀！您还不让我发火，室友那不讲理的劲儿，我看着就生气，但是您说不能发火，我就压着自己，太难受了。好几次我都想和她对着吵，但是我谨遵您的忠告，没想到您叮嘱我的这两点——反复说、平和地说，真的让我说服了这位霸道自私的室友。您猜她最后怎么说，她说'让你唠叨死了'。"

我和美美复盘时说："你在谈判时不只是坚持了每个回合都表达自己的诉求，以及不发脾气这么简单。最重要的是你不跟着她的逻辑走，她带不动你。她说不能每天都提前一小时从图书馆回来，你并没有顺着她的话追问她为什么不能提前一小时回来。她让你戴上耳塞睡，你也没顺着她说你没有降噪耳塞，如果你那样说了，她肯定会说'我把购买降噪耳塞的链接发给你'，那样她就操控你了。你的聪明在于，不管她说什么，你都没有顺着她的思路走，这样她就引导不了你。反而，你一再表示自己睡不着，相当于反反复复用同一个信息要求她，她只能想方设法回应你的诉求。当发现引导不了你、改变不了你，她就只能放弃了。你用一个信息带着她走，引导了她，这是你做得对的地方。"

重复表达法具体运用的要点是，在与他人沟通时，不被对方所说的任何言语打动（被说服），不改变自己的初衷。在表达想法时要注意两点，一是反反复复说自己的诉求，二是以心平气和的姿态和对方说。

之所以强调要心平气和，是因为非弱势沟通的核心不是声嘶力竭、据理力争地和他人吵架。你要**表达的是内容**，不是你的姿态。试想，如果你反反复复地说一个想法，伴随着激动的情绪，那么与你交流的人对你的姿态势必会产生误判，对方甚至会想方设法平复、引导、压制你的情绪。

非弱势沟通的核心策略是**始终坚持说自己的诉求，心平气和，不跟着对方的逻辑走。**

如果你觉得美美能成功改变自私室友是因为室友可能觉得大家是熟人，在一个屋檐下生活不好撕破脸，还不能很好地说明这种方法的效果，那么接下来这个事例则可以再次证明，重复表达法绝对可以帮助我们实现非弱势沟通，维护自身权益。

我和朋友去一家餐厅吃饭。那是一家网红餐厅，由于面积不大，因此到用餐时段总排队。我和朋友早早就取到了等座位的号码票，服务员对我们说，最少需要等一小时。于是我们就去附近转一转打发时间。大概一小时后，我们回到餐厅，却被告知我们的号过了。

我们找到服务员说明情况，让他尽快给我们安排座位。结果，服务员说，错过叫号就需要重新排队，这是他们店的规定。一听服务员这么说，我们几个人就急了，因为当初取号码票的时候，没有人告诉我们过号要重新排队。服务员指着门口的一个招牌说："这不写着吗？"我们过去一看，门口确实有张图，但是图片上的字特别小，而且那张图摆在了一个不起眼的地方。我们对服务员的解释表示不满。这时朋友站出来，开始和服务员交涉。

朋友：你得给我们安排座位，我们都等了一个多小时了。

服务员：不好意思，你们的号过了。

朋友：我们的号是过了，可是没有人预先告诉我们过号得重新排队，所以你现在得给我们安排座位。

服务员：几位姐姐，你们看看招牌上是怎么写的？

朋友：招牌上是写了，但没有人把招牌上的字告诉我们，所以你现在得给我们安排座位。

服务员：如果都像你们这样过号了还要求安排座位，我们怎么开店呀！

朋友：可是没人告诉我们，过号需要重新排队，所以你现在得给我们安排座位。

服务员看朋友这么执着，把值班经理叫来了。

值班经理抱歉地对我们说："各位，我们店有'过号重新排队'的规定，你们过了号就得重新排队，不好意思！"

看值班经理这么说，朋友拿出了撒手锏。

朋友：我刚才上网看了，很多顾客对你家这个所谓的规定表示不满，很多人和我一样，在拿号时没有被告知过号要重新排队。你们家的东西好吃，生意也好，服务员忙着发号，没有告诉我们这条规定！你也不能因为服务员忘了告知我们，就让我们重新排队吧，所以还是现在就给我们安排座位吧！

值班经理转头问负责叫号的服务员："你没对他们说'过号重新排队'吗？"

服务员说："我肯定说了呀！我肯定。"

说着，他看向我们几个。我们一起说道："他只说了我们需要等多久，没说过号需要重新排队。"

值班经理看了看排队的情况，又看看手里叫到的号，见小桌 A98 号没人答应，就安排我们进去坐了。

坐下之后，我们大赞朋友厉害。

朋友边吃边说："我看到值班经理和叫号的服务员说话时，互相使眼色，我估计像对咱们这样，服务员忘记交代的情况一定是有的。咱们取号码票时周围环境乱糟糟的，服务员一时忙忘了，但是我们没有指责他而是体谅了他，值班经理也看出来了。"

这是比较典型的重复表达法的使用案例。朋友在与服务员和值班经理交涉时，坚持了以下两个沟通原则。

第一，紧紧围绕自己的沟通诉求表达，排除其他因素干扰。对店家"过号重新排队"的规定，她没有从消费者的角度去抨击。因为如果抨击，她与服务员和值班经理沟通的目的就不是尽快进店吃饭，而变成了对店家的不合理的规定提出抗议。从店家的角度来看，这就是来找碴儿，即使按照自己的规定来，我们也不能把他们怎么样。

看到这里，你一定会觉得，既然规定不合理，就把它的不合理性作为论据去反驳店家，对我们不是更有利吗？

接下来我分析一下。当时有一群人在排队等吃饭，那么多人在遵守规则，我们若破坏所谓的规则，就与店家、排队的顾客对立了。朋友没有兴师问罪，更没有站在店家的对立面，反而表示出理解的态度。餐厅接待过无数的消费者，服务人员看到我们这样的顾客，早就心中有数了。

第二，不断重复自己的诉求。"所以，你现在得给我们安排座位"，这里的关键点是"给我们安排座位"，而且是"现在"。这里我们放弃了一个对自己有利的支撑点，就是服务员没有给我们说"过号重新排队"。从这一点上说，对我们有利，是店家不对，但是我们缺少证据，店家却有招牌这个物证，只不过这个物证在他服务我们的时候，是否让我们看到了，店家也不好证明。

使用重复表达法时，还需要注意以下两个问题。

首先，不要下意识地回答别人的问题，或者下意识地去回应他人说的话。这做起来一定有点难，因为需要克服的"下意识"，也就是我们在日常生活中常年形成的人际交往习惯。只要有人和我们说话，我们就会本能地、自然地回答对方。学生美美和朋友就是成功克服了"下意识"的案例。

有时我们不仅会下意识地应答对方，甚至还会不自觉地多解释几句。也就是说，一旦搭话，我们的注意力就会放在应答的内容上，而不是去思考对方为什么提这个问题。如果对方催促你，或者直接点名你来回应，那种"我得说两句"的下意识就会被自动唤醒。

这让我想起多年前去参加一个出镜记者人才选拔活动时发生的一幕。活动中，坐在我旁边的是一位很有名气的出镜记者，那是我们第一次见面。活动进行的间隙，我转过头对她说："前几天我看了您的一则关于地震的直播报道，我有个问题想请教您。"然后，我把问题提了出来。

这时候，让人意想不到的事情发生了，这位出镜记者上下打量着我，慢慢地说道："不好意思，我不记得你说的那场直播了。"她以这样的眼神和我交流，我虽然有些意外，心里也已经有数了。

于是，我立刻回应道："没关系，您出镜次数那么多，记不住很正常。"

那时，我的判断是，她没想到我会问她一个业务问题，她在思考身为大学教师的我问她这个问题的目的是什么。毕竟这是我们第一次见面，大家不熟悉。于我而言，大家都是做业务的，既然有机会遇到了，我在媒体记者日常报道中观察到的一些业务问题，请教一下出镜记者本人也是正常的。

估计她因为不知道我的"底细"，一时半会儿弄不明白我为什么问她这个问题，站在保护自身的角度，她礼貌地拒绝了回答。事实上，她是在考察我这个人，而不是我的问题。她知道，在那种场合，我不可能追问到底。

活动结束后，她主动找到我说："老师，我想起来了，那场直播是这么回事……"最后，这位出镜记者很详细地回答了我的业务问题，我们还交换了电话号码。

为什么后来她又主动找我了呢？我想，是因为我在活动中的发言得到了她的认可。我在发言时从余光中看到她频频点头，那一刻她对我的判断应该是，"这是一位执着于精进业务的老师"。

从我的这次经历中，你会注意到，媒体记者和主持人在与他人沟通和交流时，会习惯性地带着审视的视角，这已经是刻在骨子里的下意识行为了，媒体工作给媒体人的日常生活带来了投射与影响。

要克服"别人一提问，自己就想回答"的习惯，你可以尝试使用以下几种策略来训练自己。

第一，审视提问策略。审视提问是指，在听到对方提问后，最先要做的是对其提出的问题本身是否成立、是否合理做出判断，这就像我们在考试时先审题再答题一样。

2024 年 8 月，电影《解密》上映，上映前我应帆书的邀请，参加了有主创人员到场的点映活动。影片中有一处情节是，某组织为了考察新招进来的数学人才的真实水平，准备了一场"有设计"的考试。拿到试卷后，其他人都在努力演算，只有主角容金珍一个人在本子上画画。监考人看到后，生气地说："容金珍，你怎么不答题？"容金珍说："这题不用答。"后来他被叫到了上级那里，上级问他为什么不答题。他说，这道题的答案在今天早上听的简报里已经有了，既然有答案了，我为什么还要答？

当你处于被对方提问的交流状态时，首先要做的是审视问题。这一点非常重要。我们需要向新闻发言人学习这个能力。我曾参与了中传的回答记者问题的相关培训工作，培训的目的主要是提升受训者的媒介素养能力，以及与记者打交道的能力。

在讲授"如何与记者打交道"时，有一章是"记者发布会如何回答记者的提问"。在注意事项中有两个提醒，一是**听懂、听清楚提问**；二是**判断问题本身是否成立**，如果问题不成立，就可以不回答，比如记者所引用的数据不对或引用的信息来源不明等。

讲授完理论大课后，我们安排了一场模拟的记者发布会。每一位参与培训的干部都要接受 1 ~ 2 名记者的提问。我们在设计问题时，设了一些陷阱，其中就包括存在问题的提问。

在培训结束后的问卷调查中，一位管理社区网格员的基层干部这样写道：

> 之前我最担心的是记者发布会这一环节的实战训练，害怕自己回答不出来或回答得不够好。我把注意力都放

在自己身上了，压根儿没有想过应该先判断记者的提问。我想当然地认为专业记者的提问不可能有问题。而在后来的记者会实操训练中，我对记者们的提问会判断出这个问题可以答，那个问题的资料记者掌握得不全面、不准确。一旦学会使用理论课教的方法，我心里的负担一下子就减轻了不少。提问我的那位记者说我们网格员的身份遭受质疑。我听了就想，"遭受质疑"这四个字由何而来？你得告诉我谁质疑了，是在什么情况下、因为什么质疑的。结果，记者被我问住了。我抓住了他的漏洞，给自己赢得了主动权。这个方法太好了，以后在日常生活中我也要用起来。

上文阐述的是如何审视问题，不过即便问题本身说得通，有时你也未必需要回答，就像我向那位央视出镜记者提问的情形一样，对于我的提问，她并没有直接回答，而是根据沟通的环境，非常礼貌地回绝了。

关于如何审视提问，我们需要向我的师哥鲁健学习。有一次，我对他进行了专业采访，谈的是如何让被采访的对象接受采访。鲁健在回答这个问题时总结出三个观点。

下面，让我们对照这三个观点，用逆向思维来思考如何不去回答他人提出的问题。

观点一：发布会上说过的问题，被采访者不会回答。

意思是你刚才说过的事情，他人还要明知故问地再问一遍。这时，你可以说："我刚才已经说过了，我们就不要浪费大家的时间了。"

观点二：开放性问题，没有挑战性，被采访者不会回答。

意思是这个问题太大了，现在说不清楚，等下次时间充裕时再说吧。

观点三：过于有挑战性的问题或没有明确规则的问题，被采访者也不会回答。

意思是这么有挑战性的问题，哪是我可以回答得了的呀！这时，你可以这么说："我没有掌握你说的这些信息，回答不了。"

大家是否注意到，我们回答这些提问时的底层逻辑是**绝对不回答**，而把沟通的重点落在提问的人和提出的问题上，没有下意识地顺着对方的提问去回答。我们原本是被动地回答问题，却只用一句话将问题转移了，把对方及其提的问题裹挟进去，引导对话走向，占据主动，不被他人操控。

第二，提问反问策略。具体做法是，听到对方的提问后，不去回答，而去针对提问进行二次升级提问。有位想跟我学习演讲的粉丝通过微博私信找到了我，我们互加了微信并通了电话。在一开始的对话中，我大量使用了这种提问反问策略。

粉丝："老师，我经常参加地方组织的宣讲比赛，但总是拿不到第一名，我怎样才能拿到第一名呢？"

　　听到这个问题，人们通常会顺着问："你怎么不能拿第一名了？"然后对方就会把自己参加比赛没有拿到第一的事讲一遍。但是，这对我了解地方的宣讲比赛没有一点儿帮助。

　　我没有顺着他的提问回答，而是问他："你参加的是什么类型的演讲比赛？一般都是什么主题？评委都来自哪里？"

　　　　粉丝回答说："我参加的都是省里举行的各种行业活动，主题有喜迎××会议召开，或基层展开的一些学习活动。评委就是那几个人，我都认识。有××、××、××。"

　　我掌握了基本情况后，问道："你有自己的比赛视频吗？我先看看。"

　　　　粉丝说："有的，我找一下发给您。"

　　　　我接着问道："好，把链接发给我，评委只有那么几个人，你又经常参加，是不是你们彼此太熟悉了呀？你需要考虑专业审美、评价标准这些因素。"

　　在这种业务咨询中，通常来说提问的是粉丝，回答业务问题的是我。但是，实际沟通起来，大多是我主导谈话方向。

　　在日常工作生活中，提问反问策略是通过提问把控自己与他人对话的一种有效方法。这种方法的好处如下。

　　1.对方以为你在和他交流，而不是你提问、他回答，因为提出第一个问题的是他，而不是你。

2.这种交流具有一定的隐性操控意味，你通过提问的方式把控着谈话方向，对方在沟通的迷雾下，接受着你的引导而不自知。

3.通过对方先提问，你又以提问的方式反问对方，在适当的节点处，你便可以把对方之前的提问按照逻辑捋下来，慢慢地让对方意识到自身的问题所在。如果你听完对方说话直接给出意见，会让对方感觉被教训，而提问反问策略则避免了这种情况。

第三，谦虚礼貌策略。当我们向他人提问时，最不愿看到的是什么？我想应该是，回答问题的人不假思索地应付了事、回答时不耐烦、说话不客气。一旦对方的态度让我们不满意，我们似乎已经不在意对方说什么了，无论他说什么，我们心里都会不舒服。因此，在回答问题时，如果我们无法给出对方想要的答案，但能给出令对方满意的态度，也是回应的好方法之一。老话说"抬手不打笑脸人"，指的就是这个。

当我们面对不想提及或不愿意回答的提问，或是不想被他人左右时，可以采用"**以温和的态度代替答案**"的表达策略。就像那位出镜记者不想回答我的问题，但是她以温和的态度给了我回应。这个回应虽然不是我要的答案，但是她至少给了我回复，符合社会生活中人与人之间的礼貌原则。

第四，限时表达策略。时间对表达来说至关重要。

作为回答问题的一方，当你说"不好意思，虽然我现在时间有点儿紧张，但我还是想用三分钟来回答你这个问题"时，当"时间紧张""但是我""还想""回答你"这几个词连在一起，就足以让对方感动了。因为作为听者，他觉得自己被你充分尊重着。

作为回答问题的人，你在正式回答之前，给对方提供了最大的情绪价值，无论你是否说满了三分钟、说的内容是否达到了提问者的预期，你都会赢得对方的认可，因为对方被你的人格魅力所折服。

另外，你还可以尝试使用"等一等"或"让我想想"等短语来给自己一些思考时间。这不仅可以让你更好地组织语言，还可以让对方感到你重视他提的问题。你可以这么说："你提的这个问题，我得花几分钟好好思考一下！"在对方看来，你肯定了他的提问质量；对你而言，这是你在审视对方的提问，内心盘算如何回答的"小借口"。

最后，我要提醒你的是如何让自己**不要"因言获罪"**。你可以在正式回答问题前，先给自己来一个安全阀——"我想说的是，每个人都有能力的边界，我也是。所以，接下来的回答仅是我的一点思考，哪里说得不对，您多担待，仅供参考。"

作为回答问题的人，你是被动的，容易被对方提出的问题所控。但是，只要让你张嘴说话，被动的形势就可以通过表达发生转变或转化。

折中表达法

学完重复表达法，你是不是有些担心，如果对方和你一样，将一个想法从头说到尾，你们较上劲，该怎么办呢？

在这里，我们首先需要明确一点：在沟通时，面对他人狂轰滥炸的攻击也好，软磨硬泡、死缠烂打也罢，你需要做的始终是**让自己的内心舒服，让自己的自尊得到保持，你的自尊感优于其他一切**，做到这些是沟通训练的根本所在。我们要**将愉悦自己放在所有问题之前，满足自我情绪价值的正常需求**。因为当你自我感觉良好时，再应对那些复杂的沟通与对话，就会容易一些。就好比你今天早上出门上班，看到天气特别好，即便没追上公交车，也不太会影响好心情一样。

除了保持自尊心，与他人沟通还需要实现自己的目标。这里我需要提醒你的是，过于理想化的内心舒服，任何一个人都是无法实现的。如果双方在一定程度上自我感觉良好，那么沟通时出现的矛盾大多会集中在具体的事情上，而不是双方的自尊、心理与人格上。只要不损伤你的自尊心，要实现目标，采用折中表达法是最合适的。

想以折中表达法处理与他人之间的沟通，需要有"计划A 和计划 B 思维"。简单来说，就是需要设置最高目标和最低目标。

有一年暑假，我的一位学生在地方媒体以实习生的身份参加了一次国际赛事的报道。该媒体给她安排的工作是辅助解说，她对赛事解说特别感兴趣，因此特别高兴。因为有其他的工作安排，她晚报到了一天，等她兴致勃勃地去报到时，辅助解说的工作没她的份儿了，她收到的最新任务是做探馆视频。得知自己喜欢的工作没有了，她一下子绷不住了，向我打电话哭诉。

我接到电话，问清情况后，作为小课老师（我们播音专业的授课是小班制，通常来说，一位专业老师负责 12 ～ 13 个学生的业务小课。作为口语系的老师，我们的教学特殊一些，我会带学生上两年半的小课，所以学生放假实习时经常会找我做智力支持），我问了她两个问题。

1. 你想通过这次实习达到什么目的？

2. 你现在去做探馆视频有什么困难？

看到我提出的这两个问题，你一定能猜到我引导学生的目的了吧。虽然一开始打电话时她有点情绪崩溃，但是说着说着，她的消极情绪逐渐消失，并开始琢磨接下来怎么完成报道任务了。所以后来，我就不去管她的情绪，直接进入对工作内容的讨论了。

我提出的第一个问题是帮助她设立此次实习的最高目标和最低目标。

学生说："如果可以，我希望自己做出来的短视频可以在台里播出，打上台标，作为实习作品给自己的未来背书（最高目标）。另外，这次探馆视频对我来说属于'三无情况'，即无摄像、无编导、无后期，所有事情都需要靠我自己完成，这也是对我业务能力的一次挑战（最低目标），关键是我还有播出压力。"

学生给我打电话时是中午，节目组要求第二天早上播出短视频。那时，她只知道下午有两个场馆可以去探馆，其余的什么也不知道。

打了 40 分钟电话，我们商量了接下来的大半天要如何去工作，她就去忙了。第二天早上醒来，我看到她凌晨三点半发给我的视频："老师好，打扰了，探馆视频做好了，现在就等着看明天早上是否可以播出，我得补觉去了。"

后来的情况是，由于上级没有及时审片，作为时效性强的探馆视频（因为学生报道的这期节目正好有中国球员获得冠军）没有播出。也就是说，学生的最高目标没有达到，但是最低目标达到了。在没有任何其他支持的情况下，一位在校生依靠个人力量完成了 3 分钟的视频内容创作。可喜的是，这个作品的创作过程使学生及时调整了心态，由于工作态度积极，节目组给她安排了三四场演播室的赛事转播主持工作。

我分享这个案例，是想要告诉你，在实现目标的过程中，建立最高目标和最低目标的思维非常重要且可行性很强。这样做起事来，你知道自己伸手最高可以够到哪里，伸脚可以踩到哪里，而不是抱着唯一的目标，一根筋地去做事。建立了这样的思维后，再回到折中表达法就容易理解了，因为思维是表达的前提和基础。

有一本心理学专著叫《阅人无数：突破沟通中的艰难时刻》，这本书把人类的沟通姿态分为四大类，并以四种动物类型对应了各种沟通姿态的特点。

第一种动物类型是霸王龙。拥有这种沟通姿态的人，优点是自信、坚定、直接，他们可能是我们身边说一不二的大老板，或者在某一领域具有一定话语权和权威的专业人士。他们的缺点是有时候很难控制自己的情绪，会去攻击、讽刺、挖苦别人，让人觉得"这人怎么这样？莫名其妙，不可理喻"。

第二种动物类型是老鼠。拥有这种沟通姿态的人，通常是很好的倾听者，他们不会像"霸王龙"那样一意孤行，为人比较谦逊，容易做出让步和妥协。他们的缺点是在关键时刻可能表现得比较软弱、无法坚守自己的原则，容易被他人裹挟。

第三种动物类型是狮子。拥有这种沟通姿态的人，是天生的领导者。他们喜欢掌控全局，自主性非常强，甚至喜欢管别人，希望别人都能按照自己说的去做。他们的缺点是有时候会过于强势、固执，甚至迂腐。

第四种动物类型是猴子。拥有这种沟通姿态的人，喜欢与他人开展合作，喜欢求同存异，和他人和和气气的，什么事情都可以商量着来。他们的缺点是，因为缺少明确的角色地位划分，有时候把握不好自己与他人之间的分寸感，由于过度重视合作，也容易产生过度示好、讨好的情况。

那么，这四种沟通姿态和折中表达法又有什么关系呢？

我们每个人在与他人沟通时，可以以其中一种动物类型为主，或是几种动物类型相互切换。切换的时候，折中表达法就可以运用起来了。比如一开始你是"霸王龙"，后来发现硬刚下去不行，便选择成为"猴子"，最后你可能又成了"狮子"。

我们来看这个例子。

学生海海给我分享了发生在朋友闻闻身上的故事。闻闻在一家地方融媒体中心实习。一天，部门领导给闻闻派了一个活——做一个 3 分钟的短视频。部门领导把视频拍摄的要求、对标视频、提交时间都向闻闻交代好了。干活利落、业务扎实的闻闻仅用两天时间就把视频制作完成，回到办公室向值班编辑交差。

> 值班编辑：你做的这是什么？
>
> 闻闻：这是李主任让我做的一个新闻短视频。
>
> 值班编辑：这字幕、这个画面后面接这个……你怎么能这么编，不行！
>
> 闻闻：我是按照李主任的要求做的。
>
> 值班编辑：别拿上级来吓唬我，我是"吓大"的呀？

闻闻：李主任就是让我按照这个风格做的呀！

值班编辑：我不管谁让你做的，我只要和我们账号以往的视频风格一样的视频。

两个人你一句我一句地争执了起来，值班编辑越说越气，骂骂咧咧地开始使劲拍键盘。闻闻看到对方这么强硬，态度也不好了。

几轮争执下来，闻闻心想，这也不是办法呀！于是，他改变了沟通策略。他调整了一下自己，温和地说道："我的值班大编辑，李主任要求今天晚上播出，你看这样可不可以，你这边先审核上线，我找李主任，让李主任给你说一下？"（闻闻后来对海海说，自己该出的气也出了，但光出气不办事不行，不能让事情卡在这里，他的目的还是当天晚上将视频上线推出。）

闻闻一边哄着值班编辑把视频上传，让视频处于待审核状态，一边第一时间和李主任沟通。但是闻闻没有在李主任面前告状，只是对李主任说："李主任，视频上线待审核，值班编辑对我说，这个视频和我们以往的视频风格不一样，他有点儿拿不准。您之前说今晚就播，所以您要不要在线上看看？我等您的修改意见。"

十几分钟后，系统显示审核通过。闻闻说，自己没有过问李主任和值班编辑是怎么沟通的，但是等下班离开办公室时，值班编辑看了自己一眼，没说话。这个眼神中，已经没有一开始时的不耐烦和反感了。

思虑再三，第二天闻闻上班时给值班编辑带了一份精致的早餐，并拍了一张照片发给了值班编辑。对方给他回复了一颗爱心。后来有一天下班，闻闻正好在电梯里碰到了李主任，李主任夸他做事有头脑。

原来，那天闻闻和李主任沟通完，李主任马上找了值班编辑，值班编辑把闻闻的所作所为一顿数落，没想到李主任开口说："你怎么对闻闻有这么大的意见？他只是说需要我给个建议，好帮帮你。"听到李主任这么说，值班编辑有点儿不知所措。

梳理一下闻闻和值班编辑沟通的过程，会发现闻闻用了典型的折中表达法。

闻闻一开始和值班编辑沟通时，火药味十足。一个是负责内容审核的值班编辑，他不点头，节目审核在第一步就无法进行下去；另一个是等着过审的实力干将，觉得自己制作的内容符合部门领导的要求，完全没有问题。两个人都认为自己是对的，所以对话中充满对抗。

这里的核心点是闻闻的心态，一开始他和值班编辑"对抗"，自尊心得到了保护，他没有畏惧值班编辑的刁难。考虑到自己的工作目标，在自尊心得以尊重的前提下，闻闻的诉求发生了变化。从最初的"就得按照我说的做"向"解决问题"的可行性方向转变，这就好比一开始死活不松口，到了"胡同底"发现前方无路，该走的路也走过了，觉得可以采取折中的办法，让自己的目标得以实现。

　　按照四种沟通姿态的分类，闻闻在这个过程中，从一开始的"狮子"转变为后来的"老鼠"，而值班编辑自始至终都是"霸王龙"，但第二天面对给自己送了早餐的闻闻，他的姿态又很像"猴子"。

　　我们在生活中与他人交往，不能为了面子而固执地强势，而是要在不被他人掌控、自尊心得到保持的情况下，坚持自我，实现自己的沟通目的。

鼓励他说法

把控沟通的核心思想是：我想说的话，我可以说出来，不受他人的言论和情绪影响；沟通时，主动引导对话方向。而"鼓励他说法"本质上属于第二种情况。

"鼓励他说法"，具体是指在与他人沟通时，你可以通过不断提问，鼓励他人说下去，说他人感兴趣以及愿意说的内容。这个过程由你来把控，目的是避免出现尴尬的沉默或被他人问个不停的情况。

使用这种沟通方法需要掌握两点，**一是抓话头，二是让他说**。

什么是抓话头？如何能抓住有用的话头？

我们来看这段对话。

> 同事A：早上在电梯里，你猜我遇到谁了？
>
> 同事B：谁呀？
>
> 同事A：运营部的董欣。
>
> 同事B：她怎么了？
>
> 同事A：她竟然穿运动装来上班。
>
> 同事B：就是那种紧身的运动装？
>
> 同事A：对呀！

同事 B：她为什么穿运动装呀？不太适合上班场合吧……

同事 A：我也纳闷呢，不过，她的运动装款式很好看，特别是瑜伽裤的款式。

同事 B：你看清楚是什么牌子的没有？

同事 A：没看见，不过我偷偷地拍了照片，一会儿我上网找找同款。

同事 B：我正好缺一条瑜伽裤呢！

什么是这段话的话头呢？是瑜伽裤。

同事 A 和同事 B 一开始的对话，让我们以为这两个人要说董欣的是非，结果她们的目标是瑜伽装，她们没对董欣穿运动装上班不合适展开讨论，而是觉得董欣的瑜伽裤款式好。

在传统曲艺相声中，"话头"指的是表演时引入的主要话题或段子的核心内容。在日常交流中，"话头"指谈话的开始或话题，比如"今天下午去拜访教授时，找了个话头和他聊起来"。

"鼓励他说法"中的"抓话头"是指在与他人沟通交流时，帮助你从对方主动说出的信息中抓取对方感兴趣的关键点，以避免交流过程中出现沉默的尴尬或被对方追问个不停。通过不断提问的方式，引导对方一直说下去。

为什么说这么做是可行的？大家试想一下这样的生活场景。

鹏鹏第一次去女友家吃饭，很紧张。去之前，他就侧面打听了女友的父母都有哪些兴趣爱好。女友的妈妈做得一手好菜，饭桌上，鹏鹏就她做的菜展开了话题。本来准女婿上门要备受拷问，没想到在饭桌上，鹏鹏通过请教怎么做菜，反向让女友的妈妈畅所欲言。

吃完饭后，大家坐着喝茶聊天，女友的爸爸对养花很感兴趣，鹏鹏特意预先让女友为自己拍了他养的花，好好做了一番功课。可以想象，在接下来的一小时中，这位准岳父和鹏鹏聊得有多开心。

女友妈妈做的菜、女友爸爸养的花，都成了鹏鹏与两位长辈沟通的话题，这些话题在饭桌上不经意间出现，而鹏鹏则抓住了话头，以晚辈讨教的姿态让对方心情愉悦地讲解起来。被他人重视，在他人面前展示自己，最让老人家开心了。鹏鹏给二老提供了充分的情绪价值。

要想使用好"鼓励他说法"，还有一个重点是"让他说"。

你是否注意到记者或主持人在做人物采访时，可以让被采访者一直说下去，这里的沟通技巧是什么呢？

首先是**热切的眼神**。你和陌生人第一次见面，在开口说话前，你最先看到的是什么？一定是对方的眼神。影视剧里的霸道总裁和孤傲的女高管，通常都眼神冷漠，用下巴看人，还没开口说话，就给人一副"你离我远点儿"的感觉；而一双笑眼能让人觉得容易接近。

这里需要提醒的是，笑要真诚，不能假笑或皮笑肉不笑。

央视新闻有一档节目叫《相对论》，节目中的出镜记者是庄胜春，他被誉为中央电视总台最会聊天的记者。他为了采访黑龙江省的一位兽医，跟着兽医下乡，亲自上阵掏牛粪，冒着被牛踢一脚的危险给牛扎飞针。在画面中，观众看到的他是质朴、平易近人的，让人印象深刻。谈到对普通人的采访，他说："你是不是真诚地与人对话，对方一看就知道。"

其次是**反馈与回应**。和人聊天时，你最不喜欢对方做什么？我想一定是走神儿。

你正说得兴致勃勃，一抬眼，发现对方的眼神不知道飘到哪去了，即便对方说了对不起，并马上认真听你说，你也没有兴趣再继续说了。

所以，我们与他人沟通时，对方的态度会决定我们的表达欲望。

想让对方按照你的想法说下去，你需要在对方与你沟通时持续关注对方，并根据对方所说的内容给出反馈。那么，如何给对方反馈呢？

著名心理学家劳伦斯·艾莉森和艾米丽·艾莉森在他们撰写的专著《阅人无数》中给出了一个方法，叫"反馈式倾听"（SONAR）。

S 代表"复述"。复述就是直接重复对方刚刚说的话。

凤凰卫视主持人鲁豫在节目"国乒掌门的改革之路"中，曾采访过中国乒乓球协会主席刘国梁，以下是他们的对话。

鲁豫：这样做思想工作有用吗，你觉得？

刘国梁：当然有用了。在比赛之前，我至少会逼着四个队员必须拿冠军。我和他们都要说一样的话。

鲁豫：他们互相之间知道你和他们说一样的话吗？

刘国梁：我觉得不一定知道。

鲁豫：所以，比如我是队员，我就会认为，你是真的认为我这次最有可能拿冠军。

刘国梁：对。

鲁豫：然后他们也这么认为。

刘国梁：对。因为我一定会站在教练的角度给他们施加压力，去教他们怎么打。

　　鲁豫与刘国梁的这段对话，只有短短十几秒，鲁豫就让刘国梁把他是如何调动运动员比赛积极性的"内幕"说了出来。鲁豫在这段采访中，采用的就是"鼓励他人说"，言语间充满了"我怎么觉得思想工作不会有多大用处呀"的感觉，而刘国梁用自己实际的工作方法告诉鲁豫，思想工作特别有用。鲁豫用的方法就是反馈中的"重复"。

　　在五种反馈技巧中，"复述"做起来最容易，难点是如何切入，也就是之前说的"抓话头"。刘国梁说自己至少会给四个队员说必须拿冠军，这在刘国梁看来是没有问题的。但是站在鲁豫的角度来看，这四个人私下不会"串供"吗？作为领导的你，计谋被队员们识破了，你的思想工作还有用吗？

于是，鲁豫马上抓到这个"话头"，进一步引导刘国梁。为了证明自己这么做思想工作是正确的，刘国梁继续解释了下去。这就是通过反馈抓住对方的话头，进一步引导对方一直说下去的典型案例。听对方怎么说，引导对方朝着你感兴趣的方向说下去。

为什么说复述在交流中有这么大的作用呢？因为你的重复给了对方一个暗示，"我在认真地听你说话，否则怎么能复述得这么准确呢？"对方通过你的复述，觉得自己得到了重视和高度关注。

O 代表"指出矛盾"。上文中鲁豫抓的"话头"里，是不是有"刘国梁的自相矛盾"呢？刘国梁说给队员们做思想工作，还对四个队员说"必须拿冠军"。听他说到这儿，观众的心里立刻产生疑问："这四个队员私下一聊天，刘国梁的计谋不就穿帮了吗？"鲁豫抓住的这个"话头"，同时也是一个矛盾点，让她可以继续追问刘国梁。

反馈中"指出矛盾"的技巧对你来说，用起来会有一点儿挑战性。用好了，可以激发对方的兴致；用不好，可能会触怒对方，让人拂袖而去。这个技巧考验你的情商和指出矛盾时的语气。如果尺度拿捏不好，在对方看来，你就是来砸场子和抬杠的。就像 2024 年巴黎奥运会，潘展乐在接受群采时，一位记者在提问时使用了"指出矛盾"法，而潘展乐立刻予以了"回击"。

记者：这两天整个代表团的成绩都不太好，你这块金牌可以说是乌云下起了一场大雨，你有什么想法吗？

潘展乐：谁说我们整个代表团的状态不太好，还有好几天比赛呢，慢慢看。

记者采访潘展乐时表示，现在整个代表团成绩不太好，在潘展乐看米，记者的主观判断就是在挑衅。

N代表"不要争论"。人们在交流时，容易对谈话内容做"对与错"的判断，还容易被对方说话时的情绪所左右。你和对方说话，一旦让他感觉你在审视他、批评他，或者你的情绪让他觉得不舒服、难以接受，那么对方想和你继续聊下去的意愿就会降低，甚至可能和你发生言语对抗和情绪对抗。

如果你想把控对方，"鼓励他说下去"，就尽量不要急着判断对方说的话是对还是错，更不要做出夸张的表情——吃惊的眼神或摇头，这些表情都有可能让对方不愿意和你说下去，即便说了，也带着情绪，目的是说服你，而不是和你分享想法。

不要陷入争论，也就是说，沟通时不要感情用事。对话的目的是把控对方，如果加入了情绪情感，事态便不好把握了。一旦你们撕破脸，后续弥补所要付出的时间成本会非常大，不划算。强势沟通需要一个隐性能力，就是预判接下来的沟通状态是平和的还是激烈的，这也是我们学习沟通需要掌握的技能。

A 代表"强化正面信息"。给对方积极的正向反馈。

我的一位研究生在本科阶段参加过一次主持人大赛，他在那次大赛中的表现不太好，从此留下了心理阴影。对即兴讲话，他完全没有自信。他读"研二"时到一家广播电台实习，我有点儿担心，经常发微信问他实习的情况。熟悉广播电台的人应该知道，广播节目主持人在话筒前的讲话经常是即兴表达。我的这位研究生想毕业后在实习的这家广播电台就职，所以硬着头皮去做节目主持人。他把几次直播的视频发给我，我觉得他比"研一"阶段进步了很多，但是他本人还是不满意。

　　我：你现在做节目是不是没有那么恐惧了？

　　学生：对，我自认为现在做节目的状态还是比较松弛的，写通稿什么的也比较顺利，负责的老师对我也比较满意。

　　我：其实你不是能力有问题，只是心理有问题。你在本科阶段的那次比赛，面对所谓的"失利"，你看重的地方和作为学生参加比赛应该看重的出现了偏差，结果你就一直给自己一个信号——"我不行"。

　　学生：您说得很有道理，但我现在在业务上，还是在以"我一定要装得很厉害"的心理去做，其实心里还是很没有底的。

　　我：你是不是比之前厉害了？

学生：好像进步了一点儿，我还在慢慢摸索。

我：我觉得你比以前进步太多了，这说明你本身就很厉害。和那次最糟糕的图片阶段训练相比，你现在已经很厉害了。

学生：明白了，老师，我会继续加油的。

以上是我和学生最近一次的微信沟通内容，我从他的话语中寻找可以给他正向反馈的信息点——关于"厉害"的理解。他说自己是装出来的，但我知道，从研一时的"不能"到研二时的"可以做到"，他已经很厉害了，只不过他自己不知道罢了。

我有时候把这种行为叫"盖章"。这位学生毕业后还会和我保持联系，因为他们进入媒体工作后，还需要我的支持。学生进入职场后，第一次直播、第一次配音或第一次做外景主持人，都会和我分享，这时我做的最多的就是高度肯定他们。

学生 A：老师，我今天第一次出外景主持，一次失误都没有。

我：你肯定没有问题，相信自己，你是经过了严格的专业训练的。

学生 B：老师，这次参加综艺节目，我主动说话了，我特别主动，导演组的小哥哥特别喜欢我，给我加了很多戏。

　　我：主动社交、主动出位，你的战略是对的，这说明你的能力没问题，是心理上有点儿问题呀！

　　只要我告诉学生，他们只是有些心理问题，对自己不够自信，而不是业务能力有问题，他们的胆子就会越来越大。这就是正面反馈和肯定性沟通的作用所在。

　　R 代表"诠释总结"。简单来说就是提升到价值高度，比如，"我觉得你这么做，说明你的格局大""你能这么处理这件麻烦事，会让人觉得你考虑问题很周全"。类似这样带有极强的肯定，在价值观上给予一定的正面评价，以及带有积极意义的反馈，一定会让对方愿意与你分享自己的想法。

主动出击法

主动出击法在所有沟通方法中最具有主动社交特点。

具休来说，主动出击法是指，在与他人沟通时，主动地、积极地披露自己的个人情况——个人的想法、感受，以及主动回应他人提出的问题，扫除对方与自己沟通的障碍，给对方提供较为自由、舒适的对话氛围。也就是不等别人问，自己先主动说出来，主动暴露自我。

在生活中，擅长主动社交的人比较常见，即便你没想成为这样的人，也一定接触过，他们给你留下了什么印象呢？

刚上大学，你走进宿舍，那个主动和你打招呼的舍友，他会告诉你自己的名字、高考分数多少、来自哪个省份、喜欢哪款游戏、最喜欢的明星是谁。中午吃饭他建议你们一起去第一食堂，因为那里有一家麻辣烫特别好吃……你是不是觉得自己和这样的同学沟通起来特别容易？他提议做什么，你好像不需要思考，也不需要做艰难的选择，就跟着他的想法去做了。

看到这儿，你是不是意识到，大方主动的那个人不知不觉中深深影响了你？这就是在沟通中使用"主动出击法"的好处。与陌生人相处，一开始就主动站出来的那个人，往往更容易把控全局；熟悉的人之间，在大家都不明确表达想法的时候，第一个提出自己想法的人，无形中会成为隐形的领导者。

主动出击法的优势体现在以下几个方面。

第一，掌握首问权。在社交场合，首先做自我介绍的人，会自然而然地掌握首问权，因为按照轮换发言的沟通原则，A做完自我介绍，按理说应该是B开始自我介绍。

> 同学A：您好，我叫郭非，来自重庆，住在你的上铺。
>
> 同学B：嗨，我叫王佳艺，来自江西，住在你的下铺。
>
> 同学A：江西那边也喜欢吃辣的！咱们中午一起去第一食堂吃那家小炒吧？辣辣的，特好吃。
>
> 同学B：好呀！
>
> 同学A：要是我有时候累了，能坐在你的床上吗？我得先问问你，有的人不喜欢别人坐自己的床，哈哈。
>
> 同学B：没事，你坐呀！

如果B没有主动发言，那么A就会自然地向B提问。

> 同学A：您好，我叫郭非，来自重庆，住在你的上铺。

同学 B：（点头示意，没有主动说出自己的名字和个人情况）。

同学 A：你叫什么呀？你住在我的下铺，要是我有时候累了，能坐在你的床上吗？我得先问问你，有的人不喜欢别人坐自己的床。哈哈！

第二，引领谈话方向。沟通中的非弱势沟通，有一个核心问题是"谁来主导谈话的方向"。毋庸置疑，是使用"主动出击法"的人，他们要比其他人更有机会成为引导和把控谈话方向的人。

同学 A：一会儿在第一食堂吃完饭，咱们一起去大活动馆看看？听说那里的篮球场特别好。对了，你会打篮球吗？你个子这么高，应该会吧？

同学 B：我打得不好，就是瞎玩。

同学 A：你打哪个位置？中锋吗？

同学 B：我是一个伪中锋。

同学 A：没事，我也是瞎玩的那种。

从自我介绍到安排两个人吃饭以及饭后的活动内容，有些人在刚上大学时就已经使用过这样的沟通法了，只不过那时不自知而已。

朋友 A：我是今天攒局吃饭的张鹏的大学同学，我叫李辉。我在互联网大厂工作。您是？

朋友B：我是张鹏的发小。

朋友A：我听张鹏说过你，你从小就比他学习好，哈哈。

朋友B：你别听他瞎说。我们是小学和初中的同学，高中他转学了，我们就不在一个学校了。

朋友A：听他说，你也在互联网大厂工作。

朋友B：是的。

朋友A：那咱们得加个微信，看看有什么业务可以合作呀！

第三，自动成为主心骨。有一种面试方式叫无组织讨论。这种讨论由多人一起参与，没有明确的结构、议程，也不会预先设定规则，比较自由和开放，参与者可以随意提出观点和想法，讨论的方向和重点随着参与者的互动而发生改变。参加这种面试时，要有意识地成为讨论的"主心骨"。

还有一种情况是团队内部开会，需要大家一起头脑风暴。这时，主动出击法的作用也会凸显出来。具体可以这样做：当大家还在想着怎么展开讨论时，你就要为承担主导者这一功能化角色做好心理准备。参与讨论的人员到齐后，当大家你一言我一语地说着和议题有关的想法时，你就该站出来表明自己的角色了。你可以这样说："各位，为了保证今天的讨论更高效，我临时做一下主持人，可好？这样可以让讨论有序进行，最后我还会梳理讨论的结果，方便咱们向上级汇报。"这样说的作用主要是体现你角色的功能性和服务性。

当你以主心骨的角色开始工作，接下来的会议流程、规则以及讨论目标就可以由你最先提出了，这时大家会不自觉地听你指挥。

你需要掌控讨论时间，在议题规定的时间结束前 3 分钟，提醒发言的人注意时间。

如果每个人的发言时间是 3 分钟，你要提前 1 分钟提醒。以保证每个人都有机会发言，并且可以更高效地发言。

每一部分讨论结束，你都会根据大家讨论的内容做一个总结，这个总结也是讨论小组给领导汇报的依据。

类似这样的讨论规则你需要明示，保证每一位参与讨论的人都知道如何参与以你为主导者的讨论会中来。

调动团队讨论的气氛也是主导者需要注意的方面。特别是议题无法推进讨论时，作为主导者，你可以根据议题的难易程度以及团队的讨论状态，决定某个议题是否继续讨论，可以做中场休息的决定。

你也可以暂时搁置某个议题，把精力放在其他议题上。等到整个讨论会快结束时，再把这个议题拿出来进行第二次短暂讨论，总结大家的意见。

第四，眼神大胆迎上去。要想让人感受到你的强势，一定要使用好你的眼神，要用热情的眼神鼓励对方说下去。在"主动出击法"中，你需要用这样的眼神，**直视对方、大胆表露**。

多年前，我辅导过一位 30 多岁的女性，当时她是一名全职太太。她大学一毕业就结婚生子，丈夫是银行高级管理者，事业有成。孩子上小学后，这位太太想出来工作。她丈夫的银行经常举办一些沙龙，邀请贵宾客户的太太们参加，她想从举办这些沙龙活动入手，逐步进入职场。记得那天我们见面时，她开的是一辆豪华跑车，从我们见面、握手直到在办公室坐下来面对面说话，她都没有和我对视过一次。于是，我决定先从教她与他人正常对视开始。

我说到这个话题时，她甚至没有意识到自己在这方面的问题。我问她，我今天戴的是什么款式的项链，她回答不出来。我让她观察一下，她抬头看向我，脱口而出："老师，您今天戴的是珍珠项链。"

很多人之所以让人觉得比较弱势，就是因为眼神。和人打交道时，对面的人是情绪稳定，还是焦虑不安，我们一看他的眼神就知道了。这就是眼神在人际沟通中无法回避的功能和作用。眼神既是他人窥视你的窗口，也是你观察他人的窗口。能够掩饰自己内心的焦虑，让人从眼神上判断不出来，这样的人往往是内心强大的。

在沟通中，使用眼神的方法是：**不回避，直视对方，与对方进行眼神交流。**

这里有两点需要注意。

一是如何从回避对视到坦然对视。如果你在和别人说话时不习惯看对方的眼睛，就会觉得眼神的训练很难，因为不与他人进行眼神交流是一种无意识的行为，很多人没办法做到自我控制。也就是说，他们无法做到发现自己没看对方时立刻矫正自己去看对方。时刻自我监督、自我矫正，做起来并不容易。

二是如何自然地与他人对视，而不是死盯着对方看。我有个学生和别人说话时习惯死死地盯着对方，使对方很不舒服。出现这种情况的原因很多，有的人天生看人就是盯着对方，自己不觉得有什么问题；还有一种情况是，很重视眼前这个与自己说话的人，所以眼睛会不自觉地使劲，在对方看来，会觉得他是在用力地瞪着自己。这种情况就需要多加练习。你可以对着镜子找到合适的眼睛的力量。

那么，到底怎么看、怎么直视别人才是比较合适的呢？

这和看镜头有些相似，看镜头最忌讳"看死"，也就是盯着一个点看，那样的话，观众从画面中看到的主持人的眼神就是"死"的，会觉得主持人和自己没有互动与交流。

同理，你和一个人对视时，不能死死地盯着对方的左眼或右眼，或者只看对方的鼻子或嘴巴。这样盯着看，时间长了，你的注意力一定无法集中。从第三方的视角来看，你出现了"看呆了""看直眼""看愣神"的情况，这显然不是我们说的直视对方的正确做法。所以，我们可以把对视的范围扩大，将视觉单位从具体的眼睛、鼻子和嘴巴，扩大到整张脸。在直视对方时，以对方的整张脸为中心，眼神可以在其眼睛、鼻子或嘴巴之间游走，防止自己注意力不集中，或者看愣神。

如果看着对方的眼睛回答对方的问题让你觉得不舒服，但你又不能看其他地方时，你可以选择看对方的耳朵，对方是看不出来的。

虽然主动出击法有很多优点，但是在实际使用时也需要注意一些问题。

首先，要避免自说自话。有些人在社交场合主动暴露是为了炫耀。这种炫耀与沟通中的主动出击法不是一回事。自说自话的人无须有人搭话，想说什么就说什么。他们表达的目的不是沟通，而是告诉大家自己有什么、自己做了什么。这种表达很好识别，就看说话的人是否在意他人的表情和情绪，是否看着交流对象的眼睛说话，如果这些都没有，那就是自我陶醉、自说自话了。

其次，披露个人隐私的尺度。有一种说法是，人与人要拉近彼此的距离，就要看你主动说出多少自己的隐私。在有些社交场合，说起自己的童年往事、原生家庭、个人的感情生活、个性上的缺陷、最近的烦恼，以及自己在哪些方面很无知等，都属于个人隐私的主动披露，可以改变他人对自己的看法。比如一贯比较强势的部门领导，想改变下属对自己的看法，主动说出自己和强势母亲的关系很差，从小受到母亲的影响，所以不太会与人建立亲密关系，每天一起工作还可以，一旦长时间出差，再回来就不知道怎么和大家打招呼了。

这里有一个提示，在使用主动出击法披露个人信息时，这个信息一定是"即便告诉他人，你也安全"的信息，不会让你失去尊严，更不会让你因为自己的主动披露而心生悔意，觉得不应该把这些事情告诉他人。

主动出击法让人备感温暖，是因为它让我们发现**我们无限接纳自己**。

当一个人不想让他人知道自己的缺点或缺陷时，通常会回避、躲避甚至逃避。

- 我上学时，曾因为抑郁休学了一年。现在我上班了，我不想让其他人知道这件事。
- 爸爸和妈妈在我上初中时就离婚了，我不想让同学知道寒暑假我只能去爷爷奶奶家过。

这些个人隐私，在你看来是丢人的，你不想让其他人知道。如果其他人侧面打听或旁敲侧击，你也会试图掩盖或搪塞过去。"主动出击法"可以帮助我们面对这些不堪，真正做到高度接纳自我。

- 我上学时，曾因为抑郁休学了一年，那一年我在杭州做了三个月的保安，每天除了吃喝就是看大门。是的，一个大学生休学去看大门。那时我回到了生存的原点，想明白了很多事。所以，坏事往往是好事的开始。
- 爸爸和妈妈在我上初中时就离婚了，寒暑假我就去爷爷奶奶家过，你们知道这有多自在吗？我想睡到几点就睡到几点，没人在我睡得正香时骂骂咧咧地进屋拉开窗帘，也没人向我咆哮"太晚了，别玩游戏了"。

主动出击法有时候也是一种自我治愈。有些事，我们过去不愿意面对，现在不仅可以面对，还可以说出来。使用这个方法，可以帮助我们接纳自己，让他人有机会了解我们，而且是以我们希望的出让自己隐私的方式来了解我们。

主动出击法还可以帮助我们处理很多生活中的麻烦事，帮助我们和店员、同事、朋友、亲戚、父母、孩子沟通和交流，高效地提升我们的沟通能力和谈话技巧。

坦然面对法

坦然面对法的核心是**我嘴说我心**。

这是对外展示自己强势姿态的最有力的做法，也是表达者对自我的高度认可。

自从有"'00后'整顿职场"一说之后，2024年巴黎奥运会"'00后'体育选手整顿赛后采访"登场了。横空出世的100米自由泳金牌获得者潘展乐，因直白、有趣的回答成功出圈。古灵精怪的全红婵一句"咋不累？我不学"，把记者的嘴巴堵得死死的。

潘展乐说，自己在训练时感受到了美国选手的轻视，特别是在他尝试与美国选手查尔莫斯和阿列克西打招呼时，他们并没有回应。潘展乐觉得美国队的行为有点儿不尊重人，比如在训练时会直接往教练身上溅水花。

2024年8月5日，央视频道播出了中央电视总台记者王冰冰对潘展乐的直播专访。采访中，王冰冰拿出一个小册子，原来节目组竟然把潘展乐之前接受媒体采访的精彩内容结集成册了。小册子的封面上写着"别输在不会表达上"。

王冰冰一边翻着小册子，一边念着潘展乐说过的话。

　　记者问："打破纪录怎么样？"潘展乐说："不怎么

样，本来就是要打破的。"

听到王冰冰念这句话，潘展乐插话说："19 岁如果还不破纪录，那就说明你退步了。"

从 30 分钟的直播专访中，可以明显看出，潘展乐的表达属于最典型的坦然面对法。

我们来看看潘展乐接受这次专访时的硬气回答。

王冰冰：网友评价你是"不内耗的世界飞鱼"，你觉得呢？

潘展乐：说"不内耗"是对的，"世界飞鱼"还差点儿意思。等我真到巅峰期时再说我是世界飞鱼也不迟。

王冰冰：所以，你觉得现在的成绩还能大幅度提高？

潘展乐：对，因为有年龄优势，我现在才 20 岁，还有很多年可以稳步提升。

王冰冰：你做过的最丢脸的事情是什么？

潘展乐：忘记了，因为不内耗。

王冰冰：对不认可你的人，你想说什么？

潘展乐：我为什么要对不认可我的人说话呢？我不理他，不就好了！

王冰冰：赛场上可以看到你的身形和欧美运动员有差距，所以你主要是靠磨炼技术来取胜的吗？

潘展乐：对啊！我自己看视频，发现自己和我从小看的那些真正标准的自由泳技术，差距还有很大，但是没想到"老外"比我还差。这也能证明我们不用那么大体型、那么多肌肉，只要技术好、效果好，在水中依旧能像箭一样蹿出去。他们的这种死肌肉是没用的，也需要多向我们学习吧！（笑了，看上去有点不好意思）也不是说多向我们学习，而是大家可以一起交流，他们有他们的长处，我们有我们的长处。

王冰冰：有越来越多的人喜欢你，会给你更多的动力还是压力？

潘展乐：我觉得都没有。他们给我加油，我也不可能真的快；他们嘲讽我、诋毁我，我也不可能真的慢得和他们想象的一样。所以，一切还得靠自己。

在观众看来，潘展乐不是一个弱势的人，但他更是一个情商高的人。在4×100米混合泳赛后采访中，他是这么说的："多亏了好队友，给我创造了信心。冠军是我们的，不满意的应该是别人，不会是我们！"潘展乐的回应，展现出了温和的强势。

说到"温和的强势"，我们该怎么理解这个看上去很矛盾的两个词的新组合呢？

简单来说，就是以温柔、平和、舒缓的语气说着硬核的内容。

网球女单冠军郑钦文在接受采访被问及对 Queen Wen（女王文）这个称呼的想法时，郑钦文说："在这之前我会谦虚一下，让大家别这么说。但在拿到奥运冠军后，我觉得 Queen Wen 这个词算是实至名归吧。"

巴黎奥运会男子 50 米步枪三姿金牌得主刘宇坤，在被问及接下来的打算时幽默地回答："先放假，工作都结束了，是不是得先休息？"云淡风轻又风趣幽默的回答，令人印象深刻。

看完巴黎奥运会冠军潘展乐、郑钦文的赛后采访，我们了解了什么是沟通中的坦然面对法。很多人之所以不采纳这种表达方法，主要原因是不认可自己。一个内心强大的人，最突出的特点是"我不管其他人怎么想，我就是这么想的""我不管其他人对这件事怎么看，我就是这么看的"。这里蕴含两层意思：一是我不在意其他人；二是我不在意其他人怎么看待我及我的想法。

这种沟通的底层逻辑是：我就是这么想的，我坦然地、自信地、大胆地把自己的想法说出来。表达者不会在意他人对自己所发表的言论持什么意见和想法。

内心强大的人使用最多的就是这种表达方法，对于他们来说，这是自然而然的事情，不存在犹豫、纠结与挣扎。在他们眼里，直抒胸臆再正常不过。但是，对于心理弱势的人来说，使用这种表达方法比登天还难，因为他们考虑的不是"我就是这么想的，我就要这么说"，而是"一旦我这么说了，别人会怎么看待我"。

我曾与一位多年未见的老友 W 在一个饭局上相遇，我们之前在一个节目组做新闻评论员。他还是老样子，问什么就直接回答什么，一点儿也不遮掩。"最近在干吗？""还经常和妻子吵架吗？""孩子学习咋样？""瞧不上的公司领导退休了吗？"五分钟之内，他自己就把近况向我"汇报"了一通。

老 W 是我们那个节目组里年龄最大的新闻评论员，有着炽热的新闻理想，点评起新闻事件来金句频出。记得有一次，我和他搭档，那天有一条新闻是："一位 30 多岁的男子为了救一名轻生的女子，跳下湍急的江水，结果失去了生命。打捞上来时，他的身姿还是环抱着一个人的样子。"

那天老 W 点评时这样说："我们不知道他是谁，他叫什么名字，从哪里来、到哪里去，不知道他是谁的儿子、谁的丈夫、谁的爸爸，今天为什么来到江边，在跳下去的那一瞬间他想到了什么。现在，我们只知道他是一个当他人遇到困难时，毫无顾忌地施予援手的人。今天听了这条新闻，作为一个 50 多岁的老大哥，我特别难过，因为到现在我们还不知道这位英雄的名字。我想在这儿大声地向全社会发出呼吁，帮助他找到亲人，送他回家！"

那天节目组的社交账号收到了大量留言，人们对老 W 的评论给予了高度评价。

那年年底，我们让观众留言点评我们这几位评论员，就有观众说："老 W 一听就是个爽快人，有什么说什么，听他点评就是过瘾。"

在某些场合，这样真诚的、大胆的、直抒胸臆的表达可以帮助你提升个人魅力，也会给你带来意想不到的结果。

一问到底法

　　心理弱势的人最难应对的是来自他人的批评、指责和非难，特别是面对那些能在年龄上压制自己（老前辈、父母、年长的人）、在身份上压制自己（权威人士、专业人士等）的人。接下来的一问到底法、视线转移法、适度反击法等三种非弱势沟通方法就可以解决上述的沟通问题。

　　如果说坦然面对法是帮助你"想说什么，就说什么"的话，一问到底法则是帮助你在面对他人的批评、指责或非难时，以"非暴力、不对抗"的方式对他人所说的事实表示肯定。通俗来说，就是"你说你的，我干我的"。

　　我们来看这段对话。

　　同事 A：今天全体开会，你怎么没把文件分好类？你每次都这样！

　　你：你说得对，我这次又这样了。

　　同事 A：幻灯片也得给上级单独打印一份。

　　你：我放在了上级那份文件的最下面。

　　同事 A：放在最下面，上级不好找呀！

　　你：那我放在最上面？

同事A：你是用订书器装订的文件吧？要是放在最上面，你就得把文件撕开，这样不好看。

你：不好意思，我让文件不好看了。

同事A：你就应该想到文件可能有变动，应该用曲别针。

你：我下次用曲别针，这次只能先这样了。

同事A：上级的咖啡买了吗？不能太热。

你：咖啡已经放在桌上半小时了。

同事A：中午的工作餐订的是上级爱吃的那家三明治吗？全麦6寸、金枪鱼、蛋黄酱的。

你：之前的会议备注是这样写的，今天也是这样下单的。

同事A：这一大早上，每一项工作都要我提醒你呀！

你：是呀，没有你的提醒，我就完了。

同事A：你这么不靠谱，不怕被开除呀！

你：对呀，我这么不靠谱，你倒是提醒上级了。

同事A：怎么我说一句，你就照着我说的回一句呀！

你：是呀，你说什么，我就说什么呀！

其实，"你"的工作做得很不错了，但是这个挑剔的同事A就要什么事情都插一手，明明已经安排好的工作，非要按照他的标准重新做一遍。一问到底法就是在这样的场合下使用的。

具体来说，使用场景是事实上你已经做得没有什么问题，但就是有人跳出来批评和指责你，这些指责明显是鸡蛋里挑骨头，把他个人的观点强加于你，其目的就是要把控你。

面对他人的疾声厉色，很多人的反应是直接反驳。你劈头盖脸地说我，不给我面子，那么我也使劲地反击你，让你也不好受。如果双方都这样，事态一定会升级。面对你的反抗，对方的攻势一定会更加猛烈。

试想一下，在生活中，妈妈说你，如果你回嘴，是不是会吵得更厉害？如果在她高声呵斥你时，你说一句"妈妈，你说得对"。这句话就像灭火器一样管用，妈妈手里的衣服架不会落在你的身上，她的火气立刻就会降下来。

为了让对方闭嘴、不说话，并减少对你的批评，你可以用一问到底法来承认对方所说的事实是对的。

一问到底法具有一定的迷惑性，从批评者的角度来说，无论他说什么、怎么说，你给出的就是四个字——你说得对。所以，在批评者看来，他代表的就是正确，他想怎么说就怎么说。但是，你给对方营造的是一种假象，让他认为自己的话都是对的，让他以为你认同他对你的指责和非难。事实上，你只是认同他所说的一部分事实，其他的都不认同。

回复对方什么，你需要掌握以下三个技巧，这也是一问到底法具体使用时需要注意的地方。

首先，面对他人对你的指责，**你可以承认他所指出的事**

实是正确的。在对方的表达中，只有事实部分，你可以承认正确。

　　下面是一个控制欲很强的妈妈和她女儿之间的对话，即便女儿已经成年，工作十分出色，妈妈还要对女儿的生活过度干预，以"我为你好，我说的都是你一直存在的问题"为由，对女儿的生活指手画脚。

　　　　妈妈：悦悦，今天的气温只有 12 摄氏度，你只穿了一件衣服出去，你会冻感冒的。

　　　　悦悦：是的，妈妈，我只穿了一件衣服。

　　你看女儿悦悦承认自己只穿了一件衣服这个客观事实，但是对妈妈说的"会感冒"则没有做任何回应。

　　　　妈妈：昨天穿得少，今天又穿这么少，连续两天，你等着吧，今天晚上不发烧才怪呢！你不知道自己一感冒就发烧吗？

　　　　悦悦：是的，妈妈，有可能发烧。

　　其次，当别人指责你时，**你可以承认他指出的任何可能的事实**。

　　悦悦的回答落在了"有可能发烧"上，而不是和妈妈辩论"我现在也没发烧，你凭什么说我会发烧"。悦悦肯定了妈妈的预判，这样的回答可以让妈妈觉得自己的判断得到了女儿的认可。"说来说去，我就是说得对"，妈妈的情绪得到了疏解，继续说下去的动力在减少。

最后，当他人想用具有逻辑性的话语来操控你时，**你可以在原则上同意他所指出的基本事实**。

> 妈妈：你三天两头生病发烧，还得向公司请假，上级会怎么评价你呀！你还想今年下半年升职呢，没听说过总请病假的人能升职。

听出来妈妈这句话里的逻辑漏洞了吗？

"你三天两头生病发烧。"女儿只是衣服穿少了，身体一切正常，没有发烧，但是此时妈妈的思维已经跳跃到女儿发烧了。

"还得向公司请假。"妈妈的第二个思维跳跃是，女儿生病发烧一定会请假，不存在吃了药一晚上就好的情况，妈妈判断女儿发烧会导致请假不上班。

"上级会怎么评价你呀。"公司里有这么多人，谁没个头疼脑热的呢？按照公司的规定，员工有权利因病请假休息，这又不是什么大逆不道的事情。上级手下有那么多人，从概率上来说，有人请假也是正常情况。再说，除非上级很明显地意识到悦悦这半年因为感冒请了三四次假，否则怎么会因为下属感冒责怪下属呢？倘若悦悦是业务骨干，上级甚至希望下属请假后好好休息，日后再战。

"你还想今年下半年升职呢，没听说总请病假的人能升职。"悦悦是一个有上进心的人，有着明确的职业规划，把工作做得很好，难道上级会因为员工感冒发烧请假而不让她升职吗？

分析一下，你会发现，这位妈妈拥有极强的控制欲，考虑问题漏洞百出。就是因为她是妈妈，所以她在以所谓的过来人和"我这么说，都是为了你好"的理由掌控自己的女儿。悦悦如果不想接受妈妈的掌控，但又不想大费口舌地和妈妈抗争，她可以做如下回答。

悦悦：妈妈说得有道理，我们上级和你想的肯定一样，我以后一定多穿衣服。

悦悦嘴上向妈妈表达的是"虚心接受"，其实她已经非常清楚地认识到"自己无法矫正妈妈的认知，妈妈也无法理解和认同自己的分析，自己更无法把妈妈逻辑中的漏洞一一说出来"，所以她只需建立这样的认知——对于你的说法中我认为可以成立的、对的事实，我可以口头肯定，仅此而已，但是这丝毫不会改变我的决策和行为。

有了这种认知，当你面对任何人的批评、指责和非难时，你都能建立一个自我保护的屏障，不和他人生气、不去辩论、不去争谁对谁错，以更加平和的心态，看着眼前的人发火和咆哮，而将自己置身事外，免受他人情绪的干扰。

接下来，我再介绍两种沟通方法，一个是视线转移法；另一个是适度反击法。这两种方法和一问到底法一样，都适用于当你面对他人的批评或指责时，如何坚定地表达自己的真实想法这类场景。

视线转移法

一问到底法是指，当你面对他人的批评和指责时，你可以承认对方所说的一部分事实是正确的；而视线转移法是指，在你确实做错的情况下，如何应对他人的批评和指责。

假如弱势心理的你真的做错了事而被强势的父母、上级或同事指责，这时候该如何应对呢？

我们来看这个案例。

> 妈妈：一进你家，沙发上、床上，还有地上，哪儿哪儿都是你的衣服和鞋，你自己过日子就这么过？我就说让你回家住，你非要自己住。这家像狗窝似的，哪像个小姑娘的家。
>
> 女儿：是有点儿乱，我这就收拾。说起回家住，咱家到我公司15公里，还没有直达的地铁，我只能坐公交车，得花一个多小时。遇到堵车，我就可能迟到。以前住咱家里，我每个月都拿不到全勤奖，还会被公司领导批评。现在我住在这里，到公司只有2公里，骑个共享单车，"嗖"的就到了。

大家注意到了吗？女儿在和强势的母亲沟通时，使用的就是视线转移法。

通过对话可以看出，父母和女儿住在同一个城市，这次妈妈没打招呼就来女儿家了（一般父母都会有孩子家的钥匙）。一进门，妈妈看到女儿的房间乱糟糟的，衣服和鞋子被放得到处都是，对女儿这么过日子十分不满意，开始指责女儿。

客观事实是女儿的家确实很乱，但在女儿看来，这是她自己的家，怎么乱她都可以接受，只不过妈妈不接受罢了。妈妈先是指责女儿家里乱，然后表达的逻辑落到了"希望女儿回家住"，因为这样女儿的生活空间就不会乱了。

可是，女儿在意的不是房间乱不乱，而是上班近不近的问题。妈妈的意思是女儿回到她们家住，她会为女儿收拾房间，就能解决了女儿房间乱的问题。这时，女儿也将沟通的焦点落在了"家"上，她没有承接妈妈说的"家里乱"的问题，而是把问题落在"父母家离自己公司远"上了。

如果女儿只是说父母家离公司远，那妈妈的下一句话肯定是："那你不会早点儿起床？早点儿起床怎么会迟到呀！"而女儿把迟到的事情和被公司领导批评紧密地联系了起来，做家长的，肯定不希望孩子挨公司领导批评。女儿恰恰抓住了妈妈的"七寸"，尽量不让妈妈反驳自己。

也就是说，女儿第一时间认可了妈妈说自己房间乱，回话时先承认了错误，接下来把谈话的重点从对方关注的事情转移到了自己让对方关注的事情上。这里有个前提，"让对方关注的事情"本身确实值得关注，否则对方会意识到你在转移话题。

同样的表达方法，还可以这样用。看下面这段对话。

> 上级：今天下午的审片会，评委的打分表打印了几份？
>
> 下属：一共5位评委，打印了5份。
>
> 上级：我之前不是给你说过吗？打印文件不要可丁可卯的，万一哪个评委写错了，需要重填一份打分表，怎么办？
>
> 下属：对对，我这就去打印。还有，午餐不是去食堂吃吗？您能否问问这5位评委有没有什么其他要求，比如是否有忌口的食物等，我记得好像有位评委是少数民族。
>
> 上级：哎哟，这可是件大事，我忘了问了，就是那位马老师，我马上再问问其他评委。

公司今天邀请了一些业内人士来审片会当评委，下属在打印打分表时考虑不周，这是一个客观事实——下属就是做错了。如果下属这时候不转移上级的注意力，这位强势的上级就会把之前下属做的类似的事情都翻出来批评。

怎么转移？转移到哪里？

下属选择转移到上级应该做但是没有做的事情上了。除了询问评委们的饮食喜好，还可以问问需要准备什么饮品，比如喝茶还是咖啡，如果是咖啡，需要问的就更多了，比如各评委是喜欢喝美式咖啡还是拿铁，要热的还是冰的，等等。

如果不想让上级去问评委，你还可以这么应对。

> 下属：对对，我这就去打印。对了，今天的这 5 位评委，一会儿评审时需要的饮品不太一样，马老师喜欢喝热美式，张老师喜欢喝冰美式，我这就去准备，回头向您汇报。

上级发现你为了审片会如此尽心尽力地准备，也就不会抓着打分表这件事不放了。所以，面对强势沟通的人，如果你还没说话，心跳就开始加速，那么即便你没做错什么，也会因为"心虚气质"而招惹麻烦。上级是不希望你在工作中出纰漏的，在"工作中出现了纰漏"和"此时此刻批评你"这两者中，上级肯定更关注前者。在任何场合下，关注到对方的"软肋"就是你扭转局势的关键。

适度反击法

生活中有一些人，不管你和他的关系怎样，只要他看到你做什么，就会过来指导你。本来你不想搭理他，但是他认为自己说得对，便会一而再、再而三地追着你说这说那，实在讨厌。遇到这种情况，你就可以采用适度反击法。

> 邻居阿姨：买早点呀？
>
> 小胖：是呀，阿姨，您出去买菜？
>
> 邻居阿姨：你一个人吃这么多，小伙子注意呀！
>
> 小胖：注意什么？
>
> 邻居阿姨：注意别太胖了呀！
>
> 小胖：胖了会咋样？
>
> 邻居阿姨：胖了会血压高、血脂高呀！
>
> 小胖：血压高、血脂高要怎么办呀？
>
> 邻居阿姨：那得吃药呀！
>
> 小胖：对呀！就是吃药呀。

你会发现，把对方批评的话当成问题再反问回去，对方一定想不到你会这么回应，这种超出意料的回复会让对方措手不及，加上问题又被打回来，对方需要自问自答，本来她是在质问你，现在反倒处于被动状态。这种适度反击的表达方式，用来对付那些对你想说就说，丝毫不考虑你的感受，一心只想自己过嘴瘾的人最合适了。

具体的方法如下。

首先，**面对指责，你别生气**，不要想着怎么回答对方的问题。因为你一旦开始回答对方，就进入了受制于人的局面。面对指责，你可以不进谈话场，不生气。

其次，**把对方抛过来的指责和批评转化为问题再甩给对方，化作一个"折返点"**，好像在马拉松比赛赛程中设置的折返点一样。这样做的目的是，你可以把他人的"无端的指责，随口就来的批评"转化为"就这一问题和对方进行探讨"，以请教的姿态把对方指责你的话变成问题弹回去，有效避免下意识地反驳对方、解释自己的行为。如果你听到对方的指责和批评，先不高兴了、生气了，对方就很有可能倒打一耙。就像上文中邻居阿姨和小胖的对话，如果小胖不喜欢这位阿姨说的话，立刻进行反击，会不会出现这样的对话场景？

邻居阿姨：买早点呀？

小胖：是呀，阿姨，您出去买菜？

邻居阿姨：你一个人吃这么多，小伙子注意呀！

小胖：有啥注意的（明显生气地回应，不耐烦的样子）！

邻居阿姨：你这年轻人怎么这么说话呢？我好心提

醒，你却不知好歹。

你看，对方倒打一耙，你想回击都变得理亏了。所以，听到批评和指责，先别想着反击，按照适度反击法的两个步骤来，下次这位邻居阿姨看见你，就不会再自讨没趣，张嘴就批评你了。

适度反击法不是教你怎么和人吵架，而是让你在听到他人对你的是非对错做判断时不会产生应激反应，学会由"立刻解释说明"向"思考评判"转化，降低内心的敏感度，因为高敏感度会让你在尚未准备好的情况下口不择言，说错话。

不要在争论谁对谁错的问题上着力，而要在解决问题上倾注心力，把控好自己与他人的沟通方式。

第二部分

非弱势沟通
应用篇

第四章

职场中的

非弱势沟通

4

如果把职场比喻成话剧舞台，内心强大的人通常会占据主位，因为在争夺话语权这件事情上，这类人的内心有着极强的自驱力。

　　你分析得有道理，但是你的做法不合适。
　　这件事肯定是我想得对，你们得听我的。

以上是内心强大的人心里琢磨的。

　　我怎么跟人家说，才能让他们觉得我没有那么自私？
　　我怎么做，才会让别人觉得我没有贪便宜？

以上是内心弱势的人，在内耗时瞎琢磨的。
职场中，与他人打交道，张嘴前，你会想什么？
你会想："他是这样的人，我得这么和他说话。"
"他是这样的人"，指的是你给对方描画的人设。
强势的人和弱势的人，在他人眼中的人设截然不同。
在沟通开始前，我们就已经知道如何和对方说话了，这就是人设在沟通中的作用。

职场中，你需要建立专业而坚定的人设

2024 年，腾讯视频推出的喜剧竞演节目《喜人奇妙夜》，在第四期（下）播出了有关职场的作品，叫"职场变形计"。这部作品中有六位人物出场，女总裁孔令美，女下属于莎莎、郭甲醛，孔总的儿子（隐瞒了实际身份）以及合作公司的一位男老板和女下属。

在说话间，办公室的灯坏了，下属于莎莎主动请缨去换灯泡，总裁孔令美顺势帮着扶椅子，这时狂风大作、电闪雷鸣，一道闪电过后，孔令美和于莎莎两个人的灵魂互换所附属的身体，好戏就此开场。

两人的身体互换了，观众却可以从两人的说话方式、走路姿势、一招一式上，立刻分辨出于莎莎的身体里是总裁孔令美，孔令美身体里寄居着胆小懦弱的于莎莎。

最有趣的是，下属郭甲醛这天正好上班迟到，不知道自己的同事和总裁神奇地互换了身体。不明真相的她，一进门就被同事于莎莎说了一顿（事实上是总裁）。在剧情的推进中，她发现于莎莎说话不客气，总裁却唯唯诺诺时，他毫不犹豫地相信了孔令美和于莎莎身体互换这一不可思议的事件。坐在自己身边的于莎莎，虽然外表看起来还是她，但其说话的样子、强势的态度，一看就是孔令美。因为强势是掩盖不住的，它不是在说话的内容指向里，就是在身体姿势中。

职场中，在他人眼里，谁都有人设。

那么，人设由何而来呢？职场中的人设对人与人之间的沟通会产生哪些影响呢？

"人设"就是人物设定，通常在动漫、游戏、文艺作品等内容创作领域中出现，指的是创作者对角色（人物）的各种设定，包括外貌特征、性格特点、背景故事、能力设定等。抓耳挠腮，一不高兴就拿金箍棒打人，一张嘴就是"妖怪，你往哪里去"的孙悟空；唉声叹气，眉头紧锁，一生气就哭哭啼啼，看见宝玉在薛宝钗那儿，一张嘴就是醋意满满的话："早知道他在这，我就不来了"的林黛玉……每个让我们印象深刻的人物，一定有鲜明的个性，和让人难忘的生动话语、标识性动作。

所以，请把你日常工作中的人设，设置为"非弱势"。

职场中如何扮演好自己的角色

　　从各类文艺作品中的人物设定回到现实生活中的我们，在职场这一人际沟通场景下，人设是这样呈现出来的：一个是你自己主观塑造出来的人设；另一个是客观上同事描述出来的你的人设。这些人设或多或少地影响着你与他人之间的交流与沟通。值得注意的是，你想呈现出来的自己，和外界评价的你、认识的你，一定存在差异。

　　美国著名心理学家海蒂·格兰特·霍尔沃森写过一本书叫《给人好印象的秘诀：如何让别人信任你、喜欢你、帮助你》。从书名中你就可以发现，这是一本通过主观言语和行动改变别人对你刻板印象的心理学图书。美国宾夕法尼亚大学沃顿商学院首席教授、《纽约时报》畅销书《给予与索取》的作者亚当·格兰特是这样推荐这本书的："这是一本密码簿，它揭秘了我们生活中最大的谜团——为什么别人看我们的方式与我们自己看自己的方式不同？著名心理学家海蒂·格兰特·霍尔沃森用引人入胜的事实和令人记忆犹新的例子，为我们指明了给别人留下更好印象并保留真诚感觉的路径。"

　　这本书告诉我们，人们日常生活中的言行无时无刻不在向他人传递信号，他人在解读这些信号时，有他们自己的想法。如果想给对方留下深刻印象，在主观上，我们必须引导他人按照我们希望的那样观察我们，以保证自己能给他们留下我们希望留下的印象。

美国著名社会学家欧文·戈夫曼在他的代表作《日常生活中的自我呈现》中告诉我们，每一个人都在"表演"，人们通过在日常生活中管理自己的行为和形象，在社交场合中获得他人的认可。关于日常生活中的表演，他的解释很有意思，他将社会互动比喻为舞台表演，我们就是在不同的社会舞台上扮演着角色。

一位医生在家里是一个冷漠的丈夫，在医院里是一位有耐心和爱心的医生，妻子觉得丈夫这么做是因为他虚伪，而医生的同事和患者如果听到妻子这么说，一定会辩解道："不可能，他这么有爱心。"妻子、同事和患者对同一个人的印象之所以不同，是因为在社会互动中，人们会通过各种方式来控制、编辑自己给他人留下的印象，这些方式包括但不限于外表打扮、言行举止等。戈尔曼还讨论了"前台"和"后台"的概念，前台是指个体在公众面前展现的一面，后台则是指个体在私下放松、不被公众看到的一面。对医生来说，医院是他的前台，家庭是他的后台，在不同的舞台上，他扮演的角色不同，不同舞台的观众感受各有差异。在职场这一社会互动体系中，每个人都在"表演"，且是属于"前台"的表演。

我们每一个人都像谜一样，令人捉摸不透。我们给别人展示的是"前台"，但是又想让别人了解自己的"后台"，比如想向他人证明自己是表里如一，即"前台""后台"一致的人；抑或只给他人展示自己的"前台"，力图阻止他人窥视到自己的"后台"。如果你想在职场中不被他人轻视，不被强势的领导和同事裹挟，不被他人当软柿子捏，你就需要在"前台"发出清晰的信号。这些信号有可能被误读、被误解，这都没有关系，关键是你要**发出信号**，这终究比你自己生闷气，不说话、不表达要强一万倍。

善用泛泛之交阶段

人们观察他人的"前台"，分为两个阶段。

第一阶段是泛泛之交阶段，像职场这种社交"前台"环境，你在一个公司工作几年，和你关系比较近的同事，估计一只手就可以数得过来，其他人大多属于点头之交。他人对你的印象，正如你对他人的印象一样，仅仅是第一印象而已。

要想让对方对你有什么印象，你就要充分利用好"泛泛之交"阶段。你想让对方产生"你是一个业务能力强、有原则、好合作、与人为善、边界感强、有一定自尊的职场人士"的印象，你就需要展现出来这些品质，千万不要犹豫。没有人会天天琢磨怎么和你相处，而我们与他人的相处，很多时候进入不到第二阶段。

第二阶段是深入了解阶段，这个阶段的你们在交往时带着极强的目的性和探索精神，需要彼此有着极强的自驱力。

进入第二阶段需要观察者有着强烈的动机，比如观察者是你的公司领导或同事，某项工作只有你可以帮助他，这时候他才有可能全方位地观察你，不断挖掘你的潜力，挖掘你身上对这项工作、对他有利的那些潜力。

在现实生活中，我们如此积极主动地与他人进入第二阶段的机会少之又少。

在职场中，只有极少数的人际关系可以进入需要深度观察的第二阶段，所以，在"前台"的泛泛之交阶段向他人投射出、传递出你的坚定因子是最明智的。倘若没有在第一阶段给人留下坚定的印象，后续想改变给别人留下的"软弱"的印象，就需要花费更多的时间和精力。

职场沟通的五个基本原则

一个社会人第一次意识到自己和他人的沟通似乎有些问题，往往是在职场，而检验一个人是否具有社交性表达、与他人是否可以建立良好的人际关系，往往也是在职场。让人发现自己必须通过学习沟通的艺术才能改变自身命运的，仍然是在职场。

因为职场与生存相关，与自我价值的实现相关。

一个人在职场中的业务能力、管理能力、危机处理能力以及社会价值，最终都需要通过沟通与表达的外化才能实现。所以，沟通与表达是职场的重要生存技能之一。

身在职场，对心理弱势的人来说，如何避免被他人操控是一个重要的课题。

公司上级要求你加班时，你怎么说可以为自己争取到更多的权益？

面对资历比你老的同事，你怎么说可以不被他人裹挟？

在全公司的同事面前发言，怎样让大家觉得你是一个表达有阵仗、说话有气势的人？

团队开会，面对同事的质疑，你如何转危为安，扭转困境？

想在职场沟通中做到让自尊不受冒犯、个人权利不受侵害，我们需要客观地了解职场沟通的底层逻辑。

第一，利益导向。在小学、初中、高中，抑或进入大学，我们与他人成为朋友，看重的是双方能不能谈得来，能不能玩到一块儿去，这种社交属于情感型社交。

但当进入社会、踏入职场后，我们结交朋友就受到时间、空间和人际关系的影响，更多的是受到工作的影响。在和对方成为朋友前，你会考虑对方和自己是竞争关系还是合作关系，对方是否可以帮自己开拓人际关系或提高业绩，这种社交属于利益型社交。

即便是以往建立的情感型社交关系，也会随着人们进入社会而逐步向利益型社交关系转化。人们会不自觉地在心里盘算：认识这个人到底有什么用？自己需要花多少时间来维系这层人际关系？当人与人之间的沟通以利益为前提时，表达就会因势利导了。

第二，无血缘关系。除去家族企业，我们在职场打交道的人大多是与我们无血缘关系的人。办公桌对面的同事今天有可能是"70 后"老张，明天就有可能是"00 后"小王。特别是在一些互联网公司，有时候还没记住对方的名字，对方就退出了工作群。当然也有一起共事多年的同事，相处下来也有同甘苦、共患难的情谊，但你就是记不住她丈夫的全名，也不知道她家孩子今年是上初三还是高三。

第三，层级关系。进入职场后，我们深刻地意识到了层级关系的存在。

公司中的人事层级关系会牵扯方方面面，上级可能大声呵斥下级；有些下级则见到上级可能会习惯性地唯唯诺诺、低声下气。

层级观念、年龄差异、资历深浅、资源优势、个人性格，职场中那些左右人际沟通的无形因素都影响着人们的沟通与表达。

第四，表达能力好的人有更多机会。一位小伙子的经历可以充分说明这一点。有一次，我为某研发中心做语言表达培训，经过我的培训，那位小伙子在行业内部的演讲比赛中荣获了第一名，于是，命运的齿轮开始转动。崭露头角的他逐步受到上级的关注，之后上级给了他很多机会，让他担任创新平台的负责人，负责创新项目的管理工作。

我的一位学生从媒体辞职后，入职一家医疗公司。该公司参加了市里举办的创业大赛，由于这位学生有极好的公开表达能力，便作为公司代表，负责讲解创新项目的幻灯片和回答评委的提问，最终拿到了一等奖，为公司赢得了 100 万元的奖金。这位学生说，虽然自己在半决赛时成绩垫底，但是在决赛阶段逆风翻盘了。决赛时，每一位主讲人不能自己播放幻灯片，需要由主办方安排的人员负责按翻页器。这让很多主讲人不适应，要么就是话说完了而幻灯片没有翻页，要么就是幻灯片播放得太快，自己跟不上。而有着多年直播出镜报道经验的这位学生，面对这一突发情况，不慌不忙，金句频出。虽然项目本身不是最突出的，但是她的语言表达能力是全场最好的，不仅帮公司获得了一等奖，她个人也由于表现出众得到升职加薪。

一旦有出头露脸的机会，善于做公开表达的人通常都会被大家看见，高曝光带给一个人的职场加持，使越来越多的人开始注意培养自己的沟通和表达能力。

第五，表达外化。现在的职场中，需要大量用到沟通与表达。例如，面试时，你需要表达流畅，让人印象深刻；自我介绍时，你说的话要让人记得住；小组讨论时，你需要逻辑清楚，让人听得懂；给上级汇报工作时，你需要条理清晰，应答自如；代表团队发言时，你需要镇得住同事，撑得住全场；主持年会时，你需要轻松幽默，会说"段子"；代表公司发言时，你最好能像乔布斯一样侃侃而谈。

如果你处于心理弱势，要做到以上这些就很难。你要考虑如何不被强势的上级裹挟，还要考虑不被强势的同事威胁到，你需要用强势沟通全方位地打造自己的职场形象，强有力地输出自己的想法；面对艰难的沟通，做到不被他人的言语左右，做到"我嘴说我心"。

在上述这些场景中，如果你能坚持自我，那么你向同事发出的信号，就会让他们清楚地意识到，你是一位敢于表达自我主张，不会被他人牵着鼻子走的人。

我们只有从心理到表达，完成一次彻底的迭代，才能保证自己在职场中处于优势地位。

不做职场老好人

你真的要做老好人吗

在电影《芳华》中，刘峰是一位善良、乐于助人的小伙子，经常无私地帮助他人，但他的牺牲自我、不断付出，并没有得到应有的尊重和回报，反而遭受了不少误解和不公。而老好人刘峰的问题在于不加辨别地向所有人施以善意。

职场中，更需要个体输出**的是有用性，是个人的实力。**

公司面试你时，HR 拿着你的简历，关注的是你的工作能力，而不是加班时你会不会主动下楼给大家取外卖。为什么要提醒你不要做职场老好人呢？因为职场里是按个体价值排序的，向目标人群施以善意的人只能排到第四。

职场上个体输出排第一位的是个人实力，不是一上班就要给人端茶倒水、点头哈腰的。老实本分的父母可能会教导孩子一定要和同事处好关系、要眼里有活、抢着多干活，但这些职场生存的社交思维早已过时。新型的职场生态，需要个体首先用实力打开职场大门。来到新环境，与未曾谋面的同事共事，让他们对你刮目相看的一定是你的实力，而不是毫无目的的微笑。在职场上有实力，就有强势沟通的基础与环境。

个体输出排第二位的是个人信息的适度暴露。职场是个人实力的竞技场，但有时候来自父母的支持也很重要。对绝大多数人来说，父母能为其在职场提供的助力有限。为了防止有些同事别有用心，不要见人就把心窝掏出来，真诚需要看对象。有时候你的坦诚实质上是在给同事深度了解你的机会。好奇心强的同事可能会对你刨根问底。还记得前文说过的强势思维吗？即不解释、不说明，尽量保持一些神秘感。

个体输出排第三位的是确定边界，建立原则。意思是什么事情我可以做，什么事情我肯定不做。这不仅能让你摆脱那些无谓的道德绑架，也可以让你进退自如。职场中势必会有小团体，有的人觉得自己不站队没有安全感；有的人觉得自己一个人最好。无论是否站队，只要你确定了边界，建立了原则，坚持自己内心所想，就没有问题。

个体输出排第四位的是表示善意。虽然很多人都说"职场无朋友"，但还是有机会结交到可以一起共事的人的，你们可能有着相同的事业观、人际交往的基本原则、对行业发展的认知等。这样的同事可以帮助你在团队中更好地与他人合作，甚至对你换工作或创业都有帮助。

但是，你千万不能一进入职场就向人展示你的热心肠，不要什么忙都帮。因为老好人容易被他人利用，会对你造成伤害。很多人之所以成了老好人，一是因为品行好，二是因为不好意思对他人说"不"。长此以往，本来最让人珍视的帮助便成了"这是你应该为我做的，做得不好，我还得责备你"。被自己"架"上去也好，被他人引导也罢，走到老好人这个位置的你，若一直过不了心里关，便无法说出"不"。

你发出的信号决定别人怎么对待你

小王是一个讨好型人格的人，她毕业后进入高校工作。有一天，我们约了吃饭，一坐下来她就向我抱怨一位同事。

最近，他们教研室要申请一个科研项目，每位老师负责的内容不同。小王说，这位同事比她大五岁，已经是副教授了。工作中但凡有点事，对方就发微信咨询小王，说话特别甜，把"亲爱的"说在前，"你真好"说在后。明明可以自己做的事，却总让小王做。小王明显感觉自己被对方操控了，但就是不好意思说"不"。

小王：你说她怎么好意思这样做呢？

我：因为你从来没有拒绝她，所以她就一直这样做。

小王：可她都是副教授了，怎么还干这样的事？

我：没有任何规定说副教授不能随意使唤别人吧？

小王：可是如果我回绝她，这多不好意思呀！

我：她随意使唤你，为什么她没觉得不好意思呢？

小王：因为我是晚辈呀，前辈找晚辈帮忙也是正常的呀！

我：既然你觉得正常，那还抱怨什么呢？

　　小王：一次两次可以，这都几年了，她怎么好意思这样使唤我？

　　我：那是因为这么多年来，你不好意思拒绝她，从来没有说"不"，她肯定没觉得让你帮忙有什么不好意思呀！

　　小王：这么说还是我错了？

　　我：如果我有一个从来没有拒绝过我的同事，有什么事，我当然第一个就找她帮我做。

　　这与《给人好印象的秘诀：如何让别人信任你、喜欢你、帮助你》那本书中所阐述的道理是一样的。小王向同事传递的信息是"我可以帮助你"，于是同事会一而再再而三地找她帮忙。为了让小王脱离困境，我给她出了一个主意：你需要给同事一个明确且清晰的信号——"对不起，这件事情我帮不了你"。同时，你的内心不要有愧疚感，不要觉得这就是举手之劳，自己顺手就帮了。

　　在职场中，很多时候，当你问自己"同事怎么好意思"时，你就应该主动明确地回绝他人了。这对于弱势心理的人来说有些困难，但是对于普通人，特别是对于拥有强势心理的人来说，这么说再正常不过了。

　　事实上，**我们需要对值得的人施以善意，而不是对所有人。**需要向谁施以善意，是需要筛选的。在你看来，向他人施以善意，这是你对他的好，你在帮助他人的过程中得到了满足。接受你善意的那个人却不一定这么认为。他们觉得你乐善好施，天生就是热心肠。既然你喜欢帮助别人，那么他利用一下你也无妨。

意识到就及时止损

有一次，我出差为一家地方媒体做业务培训。那次培训历时一周，根据课程的设计，记者们每天都要在课上做练习，为了课后复盘，还需要把课上完成的作业用 U 盘备份。

第一天上课，一位姓汪的小伙子主动说自己带了 U 盘，可以把作业复制下来发到网盘里，这样同学们就不用每个人都用 U 盘备份了，大家都省事了。周一、周二、周三，连续三天他都为大家备份文件，然后上传到网盘，方便大家下载。

周四上完课，又到了备份作业的时候了，小伙子抱歉地对大家说，早上着急出门，忘了带 U 盘。这时，令人不解的一幕出现了，好几位同学开始埋怨小伙子马虎，连 U 盘都会忘记带，甚至有人抱怨道："不是你负责这件事吗？你忘了带 U 盘，我们怎么办呀？真是坏事了！"

小伙子的反应让我很欣赏。只见他不慌不忙地说："不好意思，今天耽误大家了。那就麻烦大家明天每个人自己带好 U 盘，自己做备份吧，毕竟指望我一个人，还是有点儿不靠谱。"说完，小伙子收拾东西离开了教室，刚才指责他的那些人面面相觑。他们以为小伙子会道歉，然后想办法找到 U 盘，继续帮大家备份作业并上传到网盘，结果没想到人家直接不干了。

培训的最后一天，小伙子有问题请教我，我们边走边谈。说完业务的事，我问起了周四晚上备份作业的事。我直截了当地问："之前你一直做好人，为什么周四那天不做了呢？"小伙子说："我突然意识到自己成了电影《芳华》里的刘峰了。"

小伙子接着说："一开始，我确实想方便大家。没想到，我的帮忙变成了他们认为的应该，那怎么行呀，我又不是他们的工具人，我不想做这样的好人。"

小伙子意识到同学们对他的态度后，立刻止损，停止了提供帮助。关键是他拒绝的理由让同学们无话可说。他用的说法是"检讨自我"，就是以自己做事不靠谱为由，不帮同学们继续做事了。这个表面上成立的理由，实际上并不成立，但是这样说出来，就帮助小伙子成功甩掉了不必要的负担，真是聪明的做法。

这里需要提醒具有讨好型人格的你，遇到这种情况必须警惕起来。讨好型人格的人容易过度迎合他人的期望、需求和愿望，常常忽视自己的需求。对方还没有提出需要帮助，讨好型人格的人就能敏感地觉察到，主动表示"我可以帮助你"。

正常来说，帮助他人，要由他人提出要求，由你决定是否帮忙，而且更重要的是不要为难自己。而讨好型人格的人属于"等候式""主动型"帮忙，他们希望通过帮忙获得他人的认可。而这种认可本身毫无意义。比如小刘帮同事老张拿了快递，老张说了一句"小刘就是这么勤快呀"。为了得到类似的评价，小刘会特意放下手里的活去给别人帮忙。事实上，"小刘就是这么勤快呀"的评价，当事人小刘根本不需要去争取。

讨好型人格的人特别在意他人的评价与认可，害怕冲突和拒绝，为了避免任何可能导致他人不满的情况，宁可委屈自己。

有些人会以各种理由裹挟讨好型人格的人，希望他们无条件地为自己付出。心理弱势的你，可能也觉察到了对方的意图，有心想拒绝，但说不出口，过不了心里那道关。结果是折磨了自己，成全了别人。

前面说的小王和我沟通后，抓住机会成功地应对了那位副教授同事。事后，她在微信上把自己如何拒绝副教授同事的过程原原本本地向我陈述了一遍。

他们申请的项目需要填写一张表，大家在一起商量怎样填表时，那位副教授随口说了一句："小王老师，你把我的表也打印了吧？"副教授同事说这句话时甚至都没有抬头看小王一眼，连一个感谢的眼神都没有。

小王：我不打印。

副教授：你不打印？你为什么不打印？

小王：我现在不打印（不解释自己为什么不打印，只告诉对方"我不打印"）。

副教授：现在不打印，什么时候打印？

小王：现在打印不了（重复表达法）。

副教授：我知道你现在打印不了，那你什么时候打印呢？

小王：反正现在不能打印（重复表达法）。

副教授：好，你不打印，我想打印呀！

小王：嗯，你打印吧。

副教授：什么叫我打印吧，我怎么打印？

小王：用打印机打印呀！反正我现在不打印（重复表达法）。

据小王说，后来那位副教授同事说话都有点不自然了，小王就借故还有其他事情，离开了办公室。事后其他同事告诉小王，小王走后，副教授同事很生气，念叨："小王这是怎么了，一遍遍地说她现在不打印，谁问她打印不打印她的表了，我说的是我的表怎么打印？"

小王说，在这次沟通的过程中，自己一直在克制着不看对方的眼睛，担心看到对方的眼神，会一下子心软而答应帮忙。但是，当对方说"你不打印，我想打印"时，小王一下子意识到，对方其实不在意小王自己是不是需要打印，是否能顺便帮个小忙，而只在意她自己的表要打印，认为小王应该帮她打印，小王得为她服务。听对方这么说，小王开始直视对方。

小王问我："你猜我从她的眼神里看到了什么？"我问："看到了什么？"小王说："我看到的是'你怎么能这样呀'，好像我不给她打印，我就十恶不赦一样。"

姓汪的小伙子和有讨好型人格的研究生小王，在处理这类事情时采用了不同的表达策略，这些策略都有借鉴价值。

首先，"对不起，我不行"。很多人没有勇气在他人面前承认自己能力不足。但是，承认自己能力不足的真正用意是让他人转移目标。职场对个人输出的第一要求是"有用性"，先承认自己是一个无用之人，在那些想利用你的有用性达成自己目的的人面前，是聪明的做法。姓汪的小伙子就采用这种方法回绝了他人对自己的要求，他丝毫不介意在别人面前暴露自己所谓的缺点，何况这个缺点也不是真正意义上的缺点。

其次，不要被自己说动。习惯主动帮助他人的你，如果觉察到自己被他人操控，打心眼里想改变自己的言行，那就把想法落实下去。

具体如何落实到位呢？你需要好好考虑一下：假如中途坚持不下去了，怎么办？面对对方放下自尊的乞求，或者听到对方的嘲讽、批评和指责时，自己还能坚持自我吗？

如果你担心自己会半途而废，那就不要与他人对视，不要主动解读对方的表情、情绪和说话的语气。

比如，他竟然都这么央求我了；我感觉她都要哭了；他已经把话说到这个份儿上了；他说我这么做太自私了；他说如果我不去，他就要向公司领导反映；他说你们这些年轻人真是眼高手低……

当你的内心开始有那么一丝丝动摇的时候，请立刻提醒自己：无论对方怎么压迫你，你一点儿都不要退让。你觉得对方可怜，可能那只是对方对你的一种操控。研究生小王对待副教授同事，就采用了这一方法。虽然一开始直接回绝对方，她还难以战胜自己的内心，但当她意识到对方把自己的帮忙视为理所当然而毫无感谢之意时，她的愧疚感瞬间荡然无存。

很多时候，人就是在一念之间想通一个道理的，特别是在职场中，与毫无血缘关系的人发生个人利益冲突，讨好型的人很少会走回头路。

巧妙应对上司的质疑

还有一个容易陷入弱势沟通的场景，就是面对他人的提问或质疑。

有弱势心理的人，没等对方说什么，就被对方亮出来的阵势吓到，习惯性地认为他人是对的、自己是错的。理由是，如果自己是对的，对方为什么会这样问自己呢？

习惯性地认为问题出在自己这里是弱势心理的人的普遍情况。

不必说提出问题的人是上司或某个领域里的权威人物、知名专家，即使对方仅仅是比自己年长的人，有弱势心理的人也会习惯性地认为就是自己出了错。

综合来看，弱势心理的人在面对质疑和提问时，看人不看事，不分析问题，只看重人。

在职场中，面对他人的质疑和提问，要想摆脱弱势心理，达成自己的沟通目的，就要先从掌握如何与上司沟通的方法开始。

上司≠正确。这是职场新人需要记住的。

很多父母会告诫初入职场的孩子，要听上司的话，要有眼力见儿，要和同事处好关系。这是父母的职场生存法则，现在不一定适用了。孩子真听了父母的话，其职场发展不一定顺利。

我有两个学生，一个男生、一个女生，毕业后进了同一家公司，他们应聘的笔试成绩分别是第一名和第二名，面试时他们表现得也特别好。他们听说田院长性格强势，所以入职后处处小心行事。

后来他们同样被上司质疑，两人的应对结果却截然不同。

男生说："那天我在走廊接了一个电话，田院长碰巧路过，我赶紧和他打了一声招呼。他停下来问我为什么不回办公室打电话，在走廊里声音这么大，影响别人！我立刻道歉说'田院长，您说得对，我不应该在走廊里打电话'。我以为田院长听到我的道歉后就会走开，没想到，他足足教训了我半小时，很多路过的同事都看到了这个场景，真的很丢人。这件事过去半个月了，我心里还是堵得慌。您说下次再遇到这种情况我该怎么办，我现在就怕他问我点儿什么事。"

男生说完，我看了看旁边的女生，问她："你们这位上司没批评过你吗？"

女生说："也批评过我，但是，我觉得田院长批评我，不是因为我做错了什么。"

听她这么说，我和男生都好奇起来，让她继续说下去。

女生说："我入职前，就在社交媒体上和几位同事交流过，知道田院长是一个性格强势、喜欢震慑下属的人。那天，我去他的办公室请他在一份文件上签字，敲门进去时，发现部门主任也在，我向两位上司问了好，就拿文件让田院长签字。这份文件需要他签字，我已经在前一天向他打过招呼了，也是他让我在那个时间段找他的。他看到文件，我们发生了如下对话。"

田院长：这是什么？

女生：院长，这是昨天和您说的有关修缮职工之家的装修合同，需要您签字。

田院长：装修合同？

女生：是的。

田院长：你现在拿来让我签字，我也不知道合同上写的什么啊。

女生：田院长，上周在领导班子会议上，负责这个项目的张工做了汇报，当时您说到时候把合同发给您，您负责签字。

田院长：我是让你们发给我了，但这合同有20多页，你也不想想，我一晚上怎么看得完？

女生：不好意思。（注意这里，对于院长的责难，女生没有做实质性的回应。）

田院长：以后记住了，像类似这些内容比较多的文件，上司得一个字一个字地看，对不对，徐主任？（徐主任被田院长冷不丁地一问，一时半会儿没有反应过来。）

女生：田院长，我还得去装修公司和对方对接一些事情，时间快到了，您签好后，系统上通知我一下，我来拿。徐主任，我先走了。

女生接着说："那时候我有点儿慌。不知道是该走，还是等着院长签字。不过，我立刻意识到我得赶快走，不能等着挨骂。这件事就这样结束了。"

尊重这个岗位，而不是岗位上的那个人

"尊重这个岗位，而不是岗位上的那个人。"这句话来自美国脱口秀主持人乔恩·斯图尔特（他也被称为"囧叔"），他在自己的深夜脱口秀节目中经常嘲讽美国的现任总统。借用一下他的逻辑，可以帮助弱势心理的人改变认知。

在职场中，身处重要岗位的人并不一定事事正确。试想一下，如果这个人不在那个岗位了，你对他的评价和他身处那个岗位时还一样吗？

我们在评价一个人，特别是处于上司岗位的人时，会不自觉地带着"身份魅影"去仰视他，这种仰视往往脱离了那个人自身。想避免被"身份魅影"影响，就要用当下流行的"祛魅"一词，纠正自己与其沟通时的心理状态和语言表达。

我们来复盘一下上述两位学生在面对同一位强势上司时，分别采用了什么样的沟通方式。

显然，女生面对质疑，积极回应，没有受到负面心理暗示的影响。女生的做法中值得借鉴的有以下几点。

1. 在社交媒体中收集有效信息。你可以通过社交软件或自媒体账号收集信息，还可以请已经在自己即将入职的公司工作的师哥和师姐喝咖啡、吃下午茶，这样既可以多了解公司的一些情况，也可以拓展自己的人际关系网络。

2. 调查后做好心理准备。你收集到的信息一定会让你觉得未来将面临很多难题，其实不仅仅是你，谁进入职场都是这样，不要给自己过多无效的心理暗示，正面的、积极的心理暗示会让你拥有平常心。

3. 察觉到微妙的人际关系。当女生走进田院长办公室时，发现自己的部门上司也在，这微妙的三人关系使她立刻警觉。她考虑到田院长可能想在自己的下属面前立威。既然直属上司想做"最佳主角"，那下属就要做好配角的工作了。

4. 遭遇质疑时不要被震慑到不知道怎么开口。上司说话前后不一致的情况时有发生，面对这种情况，你要尽量还原他当时的讲话过程，但不要以为上司会说"我记错了，那就按照你刚才说的办"。

5. 如何让自己脱身？就要找到上司在意的点，而不是你在意的点。最后，女生利用工作的由头从田院长办公室出来。至于说女生说的工作到底是不是急于这一时，其实并不重要，重要的是如何全身而退。

6. 在上司面前能正常表达。其实在上司面前只要不唯唯诺诺，不要对方一发火，就道歉，能做到正常回答问题，对弱势心理的人来说，就是很不错的沟通了。因为你已经回归到人与人之间最正常的表达状态了。

再来看看那位男生在沟通中需要优化的地方。

1. 只要是上司说的，就是对的。男生的问题出在不看场景、不看问题，只看人。他在办公楼的走廊里打电话时遇到了路过的上司，上司责问他为什么不去办公室接电话，言外之意是他打电话的声音大，吵到了自己。显然，上司有点儿小题大做。当上司劈头盖脸地拿这类事指责你时，你要先对事情做出基本的判断，再考虑接下来怎么和上司沟通。

2. 意识到上司在小题大做，第一反应应该是找理由尽快离场，不给对方责怪自己的机会。男生如果以手势示意上司，并捂住电话的听筒，和上司解释自己正在和客户打电话并且客户的心情不是太好，上司肯定会先放他去工作。

3. 别等着挨骂。你一定会说，谁会等着挨骂呢？其实，老实的人、心理弱势的人就会等着挨骂，因为在他看来，此时此刻编个理由离开，上司会更生气，他们还会担心上司过后会给自己穿小鞋。当你的内心出现波动、感觉难受时，无论外界发生什么情况，你都应该首先保护好自己，而不是考虑其他因素。

那些习惯在下属面前"立威"、心理强势的上司，知道你是老实人，反而会更强硬地控制你，根本不会考虑你的感受。心理弱势的人认为不合适的言行，其实在很多人看来都是合适的。所以，你只要说出合理的理由就可以先离场。你认为可能发生的严重后果，更多的只是你的想象。

4.这些问题真的是需要解决的问题吗？男生讲述完这件事之后，问我："您说下次再遇到这种情况我该怎么办？我现在就怕他问我点儿什么事。"

男生和这位田院长打过一次交道后，就在心里埋下了一颗种子，担心以后上司再找碴儿，自己难以应对。但是，他认为的问题真的存在吗？在我看来，并不存在。因为上司说他在走廊里打电话声音大，但男生并没有这么做。所以，不要把个例当成问题，更不要把不是问题的问题当成问题来看。

主动引导：做好向上管理

把上司当成自己的"工具人"，这是我对进入职场不太会和上司打交道的学生最常说的一句话。因为越是学习好、在言行上自律的学生，进入职场后，越希望得到上司的认可。

作为员工和下属，建立向上管理的职场认知，将上司的诉求与个人的诉求相结合，在强势的上司面前，便可以保全自我，达到自己的目的，这就是你需要非弱势沟通的原因。

什么是向上管理呢？狭义来说，是指员工为了获取更多利益，以自己为起点，以各级上司为目标，采取主动与上司建立有效沟通、协作，以及相互理解的一种策略性的做法。

向上管理的内容包括以下七点。

第一，了解并确认上司的具体工作目标，并与之保持一致。

第二，主动与上司沟通，建立良好的上下级关系，随时报告工作的进度、遇到的困难，以及希望可以得到哪些支持。 这里需要详细说明的是预测问题。有些上司欢迎下属提出预测的问题，有些则不欢迎。所以需要为此进行测试。

如果上司可以倾听你提出的预测问题，这便是你展示个人工作能力的好机会。这时切忌长篇大论，要点到为止，如果领导想一探究竟，你可以再进行深度解释。

第三，帮助上司解决问题。 汇报工作时，你在提出困难的同时，有时还要给上司提供多个解决方案，因为有些上司可能一时半会儿想不出什么好主意，希望下属给出两三个选项，让上司来做选择题。如果上司没主意，你还想让他立刻给你指示，那你等到的一定是无妄的批评，你犯了"哪壶不开提哪壶"的错误。

记得有一次，我们作为外包团队和一家视频平台团队合作。在前期筹备时，这个团队对朗诵环节几乎是一天一个想法，白天和我们提完意见，晚上我们做出方案，对方第二天就变卦了。连续三天都是这样。若对方继续这样改下去，方案就确定不下来，也就没有办法排练，舞台效果肯定不好，最后对方一定会归咎于我们。

这个团队的公司虽然在大型活动的赛道上占据很大的市场份额，但这是他们第一次做我们这个品类的节目，没有什么经验。考虑到这一点，我把按照他们的要求修改的第三套方案加上了案例，做成了幻灯片，以便给他们直观的印象。在这个基础上，我们又提出了一个方案。

第二天下午，我们团队负责该环节的华仔作为主讲人，向这个团队做了 8 分钟的说明汇报。为了防止对方继续反复修改，华仔在汇报时，先把我们接下来需要做的工作、所需的时间，以及面临的困难都说了出来，然后才进入正题说方案。这时候重要的是，要先和对方的团队拉齐认知。认知统一后，我们才把第四方案说出来，让他们来选择和评价。汇报结束时，对方说："没想到你们作为高校老师，和我们这样的市场化公司合作，沟通也很高效呀！"

对方采纳了第四方案。最终，活动展演呈现的效果让对方很满意。

第四，了解上司的个性和工作习惯。很多上司都有自己特殊的工作习惯和生活习惯，察言观色也是向上管理所需要的。比如，上司喜欢喝美式热咖啡，但是温度不能烫嘴，就需要你告诉店员水温不要太高。很多人认为这会让他人觉得自己有拍马屁之嫌。这里要提醒你的是，了解领导者的习惯，对和上司沟通有好处，容易拉近你们的距离，节约试探成本。另外，只要你认为这不是拍马屁，那就不是。别忘了，摆脱掉心理弱势的一个重要标志就是不担心别人如何评价自己。

第五，通过自己的行动，与上司建立相互信任的关系。比如和同事一起出差，遇到航班因天气一再延误。这时，上司发现，同项目组的下属小谢在网上搜集信息，正在比较是改签机票好，还是退票改乘高铁好。小谢主动承担起这些看似不应该她操心的事务，给上司留下了深刻的印象。之前不被上司注意的小谢，通过这次可靠的行为，与领导者建立起了信任关系，还向上司展现了自己虑事周全、心思细密的优点。

第六，主动寻求反馈。在职场中，我们有时只需要呈现一个态度。记得 2008 年北京奥运会后的 9 月，刚开学，学院领导在教学楼里来回巡视。开学第一课，我想讲的是奥运会与媒体报道。看到学院领导后，我主动和他们打了招呼，顺便邀请他们进教室听课。我是这么说的："我为这节课准备了好几天，都是最新的思考，您来听听不？"听我这么说，学院领导很感兴趣，于是就进教室听了两节课。后来，学院领导给我发信息说："老师，您的课紧跟前沿，用的案例是近期的报道，分析的角度也很独特，特别好。"

其实很多时候上司也想和普通员工打成一片。人与人之间的关系是"处出来"的，和领导者也一样。主动寻求反馈，让上司觉得自己在指导你，他的满足感也是你给上司提供的情绪价值。

主动向上寻求反馈的目的，就是从躲着、怕着上司，到遇到、迎上去并"管理"上司。上司在不断观察你，你的胆怯和不知所措会让他给你减分。

第七，先了解上司的脾气秉性，再选择如何回应他的提

问。2018 年，我在音频平台"喜马拉雅"推出了音频课程，每周会有两次微信社群分享活动，购买课程的学员会在群里提问，我来回答。有个案例给我留下了深刻的印象。

一个小伙子提问："老师好，我这人比较腼腆。我每周需要到老板的办公室汇报两次工作。我的老板特别强势，经常我还没说完话，他就开始问我问题，有时候会问两三个问题。我回答完，也不知道他接下来会不会继续问，所以我会习惯性地停顿一会儿。看他不问了，我才接着说。当我以为自己可以继续说的时候，他又打断我，开始问问题。有时候我已经说过的内容，他却没注意听，反过来还要问我。他一打断我，我就接不上前面的话了。他说我连话都说不明白。您说，我该怎样和老板沟通呀？"

小伙子的诉求有两个，一是如何应对老板；二是如何让老板消除对自己表达不清楚的印象。

我们先来看看哪个环节可以优化。

不让老板提问，这显然不太可能。所以，小伙子只能在做汇报的环节上做调整——从一人独言的长篇大论型汇报，向一问一答的对谈型汇报转换。

具体来说，你需要准备的是 300 字的工作汇报。这 300 字可以用一分多钟的时间概括完。另外，再准备一些"废话"，用来在上司没有提问时随时说。

你要把自己当成新闻发言人，就像电视上的记者招待会那样，等着上司来提问。你要在自己的能力范围内，列出上司有可能提出的问题，用回答问题的方式呈现汇报内容。

我把这个方法告诉小伙子，一开始他有些排斥——放着好好的汇报形式不用，非要变成答记者问？但他用了一次这个方法后，向我反馈："老师，您的这个方法真是太管用了。以前我汇报时，考虑到老板要提问，就想着让他听我说完再问。于是，我说得特别快。我说得快，他听不清楚就会问，就这样形成了恶性循环。现在，我特别从容，说完 300 字后，对于老板的提问，我自己也不着急了，加上我对业务内容很熟悉，说得很从容。这次汇报完，我要走的时候，老板夸我汇报得好，说得明白。"

小伙子又补充道："其实，话还是那些话，一点儿也没变。我只是改变了和老板的沟通方式，就没有那么被动了。"

小伙子的经历也是向上管理的一种，虽然从表面上看是老板造成了小伙子的工作苦恼，但这种苦恼不是没有解决方法。把它解决后，小伙子与老板的相处就不再困难了。对他来说，没有了负面情绪，对工作的抵触感也就随之消失了。处理这个问题，小伙子采用了强势沟通的策略，既没有一直被老板裹挟，更没有患得患失。他在积极面对困难的同时，大胆尝试新方法，回答时不卑不亢的姿态也赢得了老板的肯定。

回应同事的质疑：不好意思，我先说完再安排你提问

职场上，我们也会面临同事的提问、质疑，甚至责难。

如何让自己不被动，既解决问题又能给同事留下这样的印象——你是一个有主见、有想法、有原则的人呢？只要把这三个印象深深地印在同事心里就可以了。

1. 不好意思，我先说完，再安排你提问

（1）回到正常的表达中。 和同事一起开会或讨论项目时，如果是头脑风暴，大家你一句，我一句，甚至抢着说，都是正常现象。但如果在这种场合遇到比较强势的同事，非要一争高下和你争吵，那么你最好的表达方式就是适度反击。

我们来分析一下。对方的沟通逻辑是"我想的就是对的，你得听我说"，而你的沟通逻辑是"大家都是同事，至于吵个你死我活吗"。我们来看沟通后的心理状态。同事说完，接下来该干什么干什么去了。你呢？在心里生闷气，怨恨同事竟如此嚣张跋扈。然后，自我安慰一番，下次和同事一起讨论还是这样，循环往复。

如果我们换一个沟通思路，按照对方的表达原则来回应，即他说他的，你坚持自己的主张。这样，事后你的内心就会畅快吧，应该不会像之前那样怨恨同事了吧？因为你没有去考虑对方的情绪，只考虑自己的情绪，你的内心不憋屈了。

在只考虑自己情绪的情况下，你舒服了，这就是非弱势沟通的根本所在。对方是真的强势，还是只是正常地说出自己的想法呢？可能对方只是在正常表达，只不过你对沟通逻辑的认知与对方不同。在你眼里，对方做得有些过分了，而其实可能对方做得是适当的，你只需改变你的沟通逻辑。

（2）**给出提问的规则。**如果你需要用 3 ～ 5 分钟讲述比较复杂的内容，或者需要借助幻灯片呈现层层推进的内容，这时，如果有同事不合时宜地打断你，你可以笑着向对方说："不好意思，我需要 5 分钟的时间，等我把这个内容说完，再给你提问的时间。"

也就是说，在你发言的时候，你可以现场建立表达规则，你只要把规则说出来就可以，因为这样的规则符合职场生态，属于正常表达诉求。但是，弱势心理的你，从来没敢想过这样"操控"同事听自己讲话，而现在，你需要去想，还需要去做。

只要你开始付诸实践，就是进步。

你需要注意立规矩的说法。要用"不好意思"开头，而不是"对不起"。因为"不好意思"只是客气的说法，有一点儿打扰对方的意思。而"对不起"，就显得说话者觉得自己的行为不太合适。

为什么要说"我需要 5 分钟的时间"，而不要说"请大家给我 5 分钟的时间"，或者"你让我说 5 分钟"呢？因为"给"和"让"暗含了你的发言必须经由他人同意的意思。

同理，要说"等我把这个内容说完"而不要说"让我把这个内容讲完"，因为你的发言是会议的一部分，不需要谁点头允许才能说。

为什么要使用"我给你提问的时间"这种说法呢？因为这句话最能体现出你非弱势沟通的姿态，对"我"的发言内容进行提问这件事，要由"我"，而且只能由"我"来安排你做这件事。

很多时候，表达同样的意思，但措辞不一样，给对方的心理暗示也不一样。

2. 听清楚是事实还是感受

（1）不为主观感受买单。人们向他人提问，通常是基于主观感受而不是事实。

> 同事 A：我怎么感觉你最近看着不一样了？
>
> 同事 B：你怎么会那么感觉呢！
>
> 同事 A：你是不是做医美了，就是这个部分。
>
> 同事 B：你啥时候看到我去做医美了？好像你跟踪我似的。

这是日常生活中典型的对话。同事 A 感觉同事 B 最近变好看了，因为知道同事 B 有做医美的习惯，所以她说的是"感觉 A 做医美了"。而同事 B 的意思是，你感觉我去做医美了，我就是做了呗！

你可以仔细观察一下，身边人的沟通和交流，倘若两个人围绕着感觉聊天，那么或多或少会因为一方的感觉，而聊得不那么畅快。

我们来看闺密 A 和闺密 B 关于自己喜欢的偶像的对话。

　　闺密 A：你说'我家××'，在机场走的这几步，是不是特别松弛？

　　闺密 B：她走的第几步让你觉得松弛呀？

　　闺密 A：还第几步！还用我说第几步吗？你看不出来吗？

　　闺密 B：我看不出来。

闺密 A 认为自己的偶像浑身散发着松弛感，闺密 B 并不认同她的感受。从"不认同感受"到"不认同审美"，为什么会出现这样的问题？因为感受是主观的，事实是客观的。

怎么来区分人际沟通中的事实与感受呢？

比如，"今天是入伏的第一天"，这是事实。"今天热得像蒸笼似的，一出门衣服就黏在身上了"，这是感受。

事实是可以通过证据、观察或测量来验证的真实情况，它不依赖于人的感情或解释而存在，也不会因人而改变，它始终是客观存在的。

感受是个体对某种情境、事件或对象所持有的主观情感反应或态度，它是高度个人化的，并受个人的经历、偏好、信念等因素的影响。同一场景下的体验，不同的人的主观感受是不一样的。比如一对情侣一起看电影，男孩觉得不好看，女孩觉得很好看。

而更多时候，人与人之间的沟通是事实与感受夹杂在一起的。

比如，"今天是入伏的第一天，没感觉那么热呀"，这句话的前半句是事实，后半句是感受。

（2）在措辞上用心。在职场中，别人向你提问或反馈，你在回答前需要甄别对方说的是事实还是感受。

　　我觉得这个幻灯片做得不太高级呀。

　　你这么回答，我觉得不太好。

　　你刚才说的这件事可行吗？

以上三句话，都是对方的主观感受，仅仅是他自己的判断。

　　同事 A：我觉得这个幻灯片做得不太高级呀。

　　你：好，这是你的感觉。我们看看其他同事的想法（看法、观点）。

注意到了吗？对同事的话，你给出的评价是"你的感觉"以及不认可对方的负面评价。在说这句话的时候，你还可以加重语气，声音可以往上扬一点儿，特别是在"感觉"二字上。

　　随后，你可以转头和其他同事沟通，用词是"想法""看法""观点"。沟通时，你的眼神要真诚、恳切，语气和态度上再真挚一些。

　　　　同事 A：你这么回答，我觉得不太好。

　　　　你：没关系，你接着听后面的内容。如果其他同事有意见的话，可以对我说，如果没有，我就接着讲。大家有什么问题，可以随时告诉我。

　　你可以保留你的感觉，但我要接着往下讲。通过这样的回答，"孤立"提出负面意见的同事。

　　　　同事 A：你刚才说的这件事可行吗？

　　　　你：我们来问问其他同事是否觉得可行吧。

　　这么回答的目的是把同事 A 抛给你的问题，顺势抛给其他人。这样一来，对话的主体就由你和同事 A，变成了同事 A 和其他同事了。有些讨论型的电视节目，主持人就会经常这么问嘉宾，我们把这种对话方法称为"以他人之口表自己之意"。具体做法是，主持人把问题抛给嘉宾 A，嘉宾 A 说完，需要有一个人来评价嘉宾 A 的说法。这时，主持人就会对嘉宾 B 说："对嘉宾 A 刚才的观点，您怎么看？"这就把主持人与嘉宾 A 之间的沟通，转移为嘉宾 B 与嘉宾 A 之间的沟通了。主持人在这场三人对话中，成了中立人。所以，在日常生活和工作中，如果遇到类似的对话场景，只要转移沟通对象，焦点平移就可以了。

对方和你沟通时，如果其意见仅仅是他的感受，你就不要为他人的感受买单了。

3. 听出提问的漏洞

（1）题干中的漏洞。在日常生活中，像记者那样遣词造句提问的人寥寥无几，像辩论选手那样发出"夺命三连问"的也没有几个。未经证实的信息、极其主观的个人感受、各种情绪叠加的语气，在日常的人际沟通中则更为常见。

面对他人提问，可以先不回答问题，听听他提的问题是否存在漏洞，从对方的漏洞入手，给他一个措手不及。这也是弱势心理的人回击对方的致命武器。

多年前，我做关于"新闻发言人的媒介素养"内容的培训时，安排了模拟的新闻发布会。接受培训的学员要坐在发布席上接受"记者"的采访。"记者"角色由在校学生担任，学生们准备的问题经过了老师们的审核，兼顾时效性和挑战性。第一次体验被提问，学员们很紧张，只要有"记者"提问，学员就会积极地配合回答，很少有学员会先审视"记者"的提问是否成立，提问中是否存在漏洞。

（2）用词不当的漏洞。来自同事的提问，有故意为难的提问，也有不明白怎么回事而产生的真问题。如果你已经从对方的语气中听出他是在故意为难地提问，不要去想"对方怎么可以这么说呀""他这不是故意找茬吗"，这样在内心谴责他人、讨伐他人没有任何意义，只会加重你的内耗。

　　同事 A：小张，你的策划真的是你自己弄的吗？

　　你：难不成是孙悟空弄出来的吗？哈哈。（以开玩笑的方式反驳）

这里明显可以听出来同事 A 质疑你的能力，他的言外之意是"这么好的策划怎么可能是你弄出来的"，他人措辞的不当之处是"弄出来"，显然在这里"弄"不是一个正面词语，一般来说，策划应该是"做出来的""撰写出来的""设计出来的"。

听到让自己不舒服的措辞，不要在内心指责他人不会说话，这不是你抱怨他、咒骂他的时候，面对这种明显的故意挑衅，你需要的是反其道而行之。

孙悟空有多么厉害，大家都知道。在你的回答中，你把自己比作孙悟空，对方一定会诧异，这时候你用"弄出来"这三个字表达自己做这个项目很轻松的态度，让对方不舒服。

　　同事 B：小张，这数据让你讲的，我听着都糊涂了。（内在语是"你没讲清楚"）

　　你：那我就多花 5 分钟单独给你再讲一遍！（说这句话时，要记得看其他同事，不要与提问的同事对视。）

你在讲解时，明明用幻灯片展示了清晰的图表。结果对方张嘴就说"你没讲清楚",明显是在故意为难你。这时候,你千万不要为自己辩解"我怎么没讲清楚呀?你哪部分没明白呀?"只要辩解,从行为上看,就是你错他对。如果不辩解,而说"那我就多花 5 分钟单独给你再讲一遍",意思就是"你看,就你没明白,那我就发扬风格,给你再讲讲。我很忙,我只能给你 5 分钟,能听懂就好,听不懂那是你的问题"。说这句话的时候,你一定要看其他同事,不要看提问的人。这样做的目的是向同事传递这样的信息:你们看,就他不明白。

公开讲话：
像 CEO 一样做好项目汇报

　　职场中的沟通不仅仅指人际沟通，还包括在公众面前公开表达。这两者是相辅相成、互相补充的。一个人在公开场合可以自信、笃定、大方地讲话，那么应对日常工作中的人际沟通也会游刃有余。

　　我辅导过一位互联网公司的成功人士，其公司年底要在线上推出一份行业白皮书，他需要做一场时长 15 分钟的商业演讲。这位成功人士找到了我，希望我能辅导他。在一对一的小课辅导前，我先看了他此前的商业演讲视频，梳理出了一些问题点。根据以往的辅导经验，第一堂课我需要让这位成功人士在公开讲话这件事情上和我拉齐认知。同时，还需要了解他在公开表达方面的专业审美。

　　通过聊天，我知道他很欣赏字节跳动的 CEO 张一鸣，他认为自己倡导的企业文化是"平等"，所以长期以来，他在员工面前公开讲话的态度都是温和、舒缓的。在了解了这些情况后，我针对这次行业白皮书的商业演讲给出了专业的指导意见，并在接下来的小课辅导中落实语言表达上的要求。

　　他在员工面前讲话，是作为领导在讲话；在公众面前讲话，则是做商业演讲。观众不同、内容不同、主讲人与观众之间的关系不同、他要呈现的公开形象也不同，使用的公开表达手段当然不一样。

下面，我将讲解如何在公众面前像 CEO 一样讲话。

第一步：多看优秀案例。对于普通人来说，要想获得较好的语言表达能力，有一点很重要——耳濡目染，在你的眼睛和耳朵空闲的时候，可以随时随地地播放你收集到的演讲音频和演讲视频，让你的身体沉浸其中。当你开始训练自己进行公开讲话时，你说话的调性和身体的姿态就会不由自主地向你心目中的那种自信、笃定、大方的形象靠拢。

在语言学习上，很难有一位专业教师一天 24 小时守在你的身边，时时刻刻矫正你。而以优秀案例为依托，则可以时刻进行自我矫正。如果你需要做商业演讲，就可以参考乔布斯和雷军，他们两个人的风格虽然不同，调性各异，但都是以"我的产品最好"的姿态来说话的。

第二步：把稿件写出来，并对着穿衣镜大声地讲出来。这个步骤有两个关键点，一是稿件的创作，二是大声地讲出来。

一场演讲的好坏、影响力的大小，稿件是核心，主讲人的表达是关键。如果你是主讲人，最好从一开始创作稿件时就参与其中，这样你就能对稿件的每一次修改做到心中有数。即便最终上台讲的时候，有些词忘了，也没有关系，因为你对稿件的整个创作过程都十分熟悉，前后顺序换一下也没有问题，因为只有你自己知道稿子的顺序，观众是不知道的。也就是说，你怎么说，他们就怎么听。况且观众不会对你说的每一个字都咬文嚼字，所以，不必紧张，不要自己吓自己，只需做到看起来不慌不忙就可以了。"我是不是表达得有问题"等顾虑，大部分是你自己想象出来的，而不是客观事实。

在创作演讲稿时，有一点很重要，即文字本身要有利于听。一般来说，我们写的文字是让人看的，即便有些用词生涩难懂，大家理解起来可能不难。但演讲稿中的文字就不一样了，这些文字对观众来说一闪而过，一旦主讲人说的话（也就是文字内容）不好理解，观众的注意力就会转移，他们就会"毫不客气"地拿起手机开始玩。你站在台上看观众的反应，就能明白他们是不是听懂了你讲的话。

公开讲话是从头到脚都需要在人前展示的表达行为，肢体的协调性和舒展性很重要，最有效的练习方法就是每天站在穿衣镜前一边讲，一边做动作。这里需要提醒的是，不要把动作设计得过于具体。

比如，"未来我们团队将继续携手前进"，你想强调这句话，设计出一个振臂高呼的动作。万一你讲的时候，一时紧张讲到这句话时忘了自己曾经设计过这个动作，结果说着说着突然想起来了，然后手臂一下子伸出来，观众会被你吓一跳，你呈现的效果也略显突兀。所以，只要随着自己表达的内容，自然地抬起手臂就可以了。也有一些人在公开讲话时完全不使用肢体动作。试想一下，一个人站在台上讲很长时间，手臂一直下垂，从观众的视角来看，主讲人就好像没有手臂一样，观感不好，所以什么肢体动作都没有也不行。

眼神是表现你是一个自信、笃定的强势个体的重要渠道。

那怎么才能把眼睛练得炯炯有神呢？还是对着镜子看，这次不是穿衣镜，而是小的化妆镜了。

在训练播音主持专业的学生在镜头前表达时，我们要训练学生的眼力。眼力，就是指眼睛的力量和眼睛的情感传播力量。练习眼力是为了呈现你公开讲话的内容，和传达你作为独立个体的职场价值。眼神要集中、有神，但不能用力瞪眼。你需要在讲话时始终保持眼神的力量，不能说着说着眼神就没了。

肢体动作需要注意的是"三度"，即速度、幅度和力度。

速度是指展示动作时的出手速度，公开表达容易出现的问题是动作快且僵硬。

幅度是指手势的开合度，公开表达的时候，手势开合度可以大一些，如果开合度太小，会让人觉得主讲人小气。

力度是指动作的力量感，比如上文提到的振臂高呼，做这样的动作需要用一些力，如果看上去像面条一样软软的，就太难看了。

关于肢体动作，我建议可以双手摊开，最好是一上一下，而不要直接把双手一摊，这样会显得过于刻板。也可以一侧的手掌向下。说话的时候，可以自然地挥动手臂，在空中点一下。总之，肢体舒展大气，一定会为你的公开讲话增光添彩。

"大声讲出来"主要是针对普通人而言的。很多人在公众面前讲话的机会不多，紧张在所难免，所以，不要想着一定要克服紧张，或者像专业主持人那样，在镜头前收放自如。其实主持人在直播时也会紧张。

如果你想克服紧张，除了多多参与类似的活动，还需要加强心理素质，增加表达经验。

在日常生活中和同事、朋友说话时，你会考虑用什么语气吗？会想着要像主持人那样抑扬顿挫地说，或者像有些舞台表演者那样带着朗诵的腔调说吗？你会考虑使用多大音量吗？会考虑吐字发音的清晰度吗？答案应该是否定的。

普通人在公众面前讲话，建议在准备期间，对着穿衣镜大声地把演讲内容讲出来，而不要带着官腔或主持人腔、朗诵腔，以及单纯的念稿腔等，要在心里想着自己只是把这件事情分享给大家。那么，怎么去寻找这种分享的腔调呢？可以回想一下你上大学时，晚上在寝室和室友分享白天遇到的有意思的事情时说话的样子。

第三步：全要素演练。在正式讲话之前，你需要自己彩排。

全要素演练指的是，除了时间和空间，其他所有的呈现都要和你在公开讲话时一模一样，比如讲话的内容、幻灯片的展示、身体姿态、互动方式、动线设计，等等。在全要素演练时，你可以让同事、朋友、家人帮忙提意见，还可以用手机录下来，自己回放找找问题。如果身边有从事演讲或主持工作的朋友就更好了，可以请他们帮忙辅导你一下。

在这里，我需要特别提醒你的是，请你不要窝在沙发里或躺在被窝里默背稿子，那样的话，你只是一个复读机。在背稿子时，你需要和你的大脑、注意力还有肢体动作紧密结合。

想要在公众面前讲话时取得良好的效果，前期彩排至关重要。彩排可以分为两个阶段，一是自我准备，在家、办公室等地方，自己拿着翻页器，随时随地开展练习；二是正式讲话前，在实际场地进行彩排，这时你需要熟悉舞台、上下台、舞台上的动线设计与走位，以及如何与台下的观众互动（眼神、手势或回答问题等）。充分的前期准备一定会给你带来极大的底气，等到登台展现时，你会享受被众人欣赏的表达状态。

第四步：自我复盘。 每完成一次公开讲话后，你都需要复盘。

在进行公开讲话时，可以找同事帮忙录像，如果只有一个手机，那就请横屏录制，将讲话时的大景别、舞台上的走位、讲话的内容、幻灯片的播放节奏是否把控得好等都录下来。如果条件允许，最好用双机位，一个横屏录制，另一个竖屏录制，竖屏录制主要录你本人，录制出的画面最好可以看清楚你的眼神。

复盘时，你需要对语言表达、肢体动作、与观众的互动，特别是在舞台上讲到某一段话、做某一动作时的观众反应进行复盘。在发现问题后，总结出解决问题的办法。

至此，一次像 CEO 一样的公开讲话就完成了。

很多人受困于职场中的人际沟通，心理弱势的人往往更是为此备受煎熬。在一次次的自我讨伐之后，才意识到理解自己、尊重自己很难，只有让自己从内心到外在的表达变得强势后，这种被动的职场生存状态才会有所改变。

事实上，你认为的强势只是职场人应有的正常表达状态而已，不再进行自我讨伐，克服自身对某些表达的认知偏见。当你意识到他人在操控你，分析问题时就不要在第一时间将矛头瞄准自己。

无论眼前是强势的领导者，还是一向气盛的同事，对方发泄情绪也好，咆哮地说出难听的话也罢，一旦你走出公司的大门，他就和路上的陌生人没有区别。强势的人有一个习惯，就是会在人群中寻找那些容易妥协的人，提出类似"你给我倒杯咖啡""你给我取个快递""你去食堂给我带个减脂餐"的要求。而当任何一个人要求你为他做事时，你脑海里最应该跳出来的是**"我有权设定自己的界限"**。

> 你让我倒咖啡，我的服务费可不便宜！
>
> 你这"最后 100 米"，可真会找人呀！

减脂餐应该感谢我，没有我，它怎么服务你呀！

在你还不知道对方是"何方神圣"前，先保证自己不被他人掌控。

第五章

亲戚朋友间的
非弱势沟通

人与人之间的矛盾，往往是边界感的缺失造成的。

一个人无法直抒胸臆，多为情感羁绊所致。

面对催婚的二姨、打听你是否买房的三舅，你无法像回击同事那样张嘴就来，因为小时候过年时二姨总是给你买新衣，端午节时你曾坐在三舅的肩膀上看赛龙舟。

借你的新车去机场接自己女友的发小，出门旅行让你帮忙照顾宠物的闺密，你无法像回绝同事那样底气十足，因为小时候发小总是帮你写作业，你和前男友吵架时帮你疏解情绪的是闺密。

面对这些与你有着千丝万缕的情感纠葛的人，一旦他们的言语或行为让你感到不舒服，是应该考虑彼此之间的情谊，还是将个人意愿放在第一位？你应该怎么和他们沟通才好呢？其实，你无须考虑那么多，按照内心所想去做就好。只要你不想做，你就不需要向任何人解释和说明。

明确边界：我的生活我做主

2024年8月底，我应邀为某银行研发中心中层干部做题为"青年员工的管理艺术与沟通技巧"的讲座。他们的培训诉求是越来越多的"95后"特别是"00后"进入职场后，"70后""80后"明显感觉与年轻人沟通起来有障碍。

在讲座的一开始，我先让"70后""80后"学员介绍与年轻员工的沟通有哪些困难。话匣子一打开，"95后"和"00后"员工的职场画像变得清晰起来：边界感强、看重利益、更自我。

我是从2002级播音主持专业本科班开始教起的，中央电视总台著名主持人尼格买提是我带的第一届本科班学生，我的学生从"80后"到"00后"，再到现在的"05后"都有。20多年过去了，年轻人踏入职场，看到了职场关系；离开原生家庭，看到了亲子关系；经过恋爱，走进婚姻，看到了亲密关系。这20多年是年轻人更关注自己与他人的20多年。其中，对边界意识从觉醒、认可到践行，深深地影响着主观个体与客观个体之间的人际关系。

无论是职场中的同事，还是日常生活中的亲戚朋友，只要是人际沟通，就应该有边界感。不能因为双方存在血缘关系或情感关系而忽视了边界感在沟通中的作用。亲子、夫妻、挚友、发小、同窗……在与任何人建立人际关系时，我们都应该启动边界意识。没有边界感的人际关系不会是健康的人际关系，容易出现沟通上的问题与障碍。

我的朋友大丽是个胖妞，圆乎乎的，性格温和，说话慢条斯理，特别招人喜欢，她是我们的"团宠"。也许是因为自己的身材，她从小到大都不自信。虽然她也常常想减重，但是一看到美食，就把减重的事忘了。每次家庭聚会，她的姑姑都会劝告她："大丽呀，少吃点儿，看你胖的，怎么找对象呀？"她的父母也会附和着说："怎么说她都没用，见着饭就像这辈子没吃过饭似的。"

以大丽的性格，想着姑姑是长辈，说两句就说两句吧，她从来没有反驳过。当大丽的年龄到了世俗意义上应该结婚的时候，姑姑更来劲儿了，不仅在家庭聚会的饭桌上说，还开辟了第二战场——家族微信群，在群里转发一些减重食谱并"@"大丽及其父母，每天像值班一样，转发得不亦乐乎。大丽和我们说，最多的一次，她一天被姑姑"@"了 5 次。

大丽考虑再三，决定强势反击。她计划在临近的一次家庭聚会上，亲自和姑姑说明。不出大丽所料，菜刚刚上齐，大家正准备开始吃时，姑姑看着大丽，又上演了相同的戏码。结完账，亲戚们准备回家的时候，大丽站起来，说道："各位亲人，我最后占用大家 1 分钟说件事情。最近一段时间，姑姑在咱们的家族群里每天多次'@'我们一家三口，为了我所谓的减重操碎了心，也给大家添了麻烦，群里的信息每天叮叮咚咚地打扰了大家。我想对姑姑说，我减不减重和您没有关系，请您以后也不要在群里转发任何与减重有关的文章，更别'@'我们三个人了。这事我只说一遍，以后我也不会再说了。不好意思姑姑，不要再管我减重的事情了，谢谢。"

大丽给我们讲这件事情的时候，我们还是有些吃惊的。大丽为人和气，什么时候说话都是慢条斯理的，干活办事无论谁着急发火，她都会和别人好好说话。我们都知道她小时候姑姑照顾过她，这次她主动出击，强势沟通，让我们很惊讶。我们问她为什么会如此"大动干戈"，大丽给出的解释，让我们一致认为她做得太对了。

大丽的表达核心是**我的事和您无关**。

大丽解释道："姑姑从饭桌上讲到了家族群里，给我造成了很大的麻烦和伤害，我要让她意识到不能再这么操控我和父母了，这种被操控的感觉实在太难受了。父母因为这件事情吵过不止一两次了，我们家乱成这样，姑姑那边却什么责任都不用负，仍然乐此不疲地每天在家族群里'轰炸'我们，凭什么？这件事情已经严重影响到我们家的家庭关系了。更严重的是，还影响到了我的工作。有一次开会，我需要把自己的电脑同步到大屏幕上，当时我的微信也登录了电脑，时不时跳出来的信息给我带来了困扰。"

大丽停了停，继续说道："其实之前在家庭聚会的饭桌上，我就想说姑姑，但被爸爸的一个眼神给挡回去了。后来姑姑的行为影响到了我和父母，因为我自己的事情让父母在亲戚面前没面子，我要是再不做点儿什么，老实巴交的父母和自己真是要进入恶性循环了。不能因为姑姑是长辈，我就一直这么忍着，姑姑越界了，我得把她挡回去。越界者不尴尬，我这个被冒犯的人，为什么觉得尴尬呢！"

大丽说，为了这一分钟，她着实下了一番功夫。首先就是克服自己的懦弱心理，小时候姑姑对自己特别好，父母工作忙，几乎都是姑姑在照顾她。所以她特别看重这份关系。但越是看重这份关系，她就越张不开嘴。后来，她发现，如果自己把这层关系放下了，一切就顺理成章了。接下来，她又考虑了以下几点。

1. 原本自己打算在家族群里说，但考虑到线上沟通远没有线下面对面沟通的效果好，正好赶上五一的家族大聚会，就选择在这个时间节点上说了。

2. 在说之前，大丽和爸爸沟通了一下，一开始，爸爸觉得这么做会伤和气，再说姑姑也是好心。爸爸的反应也在她的意料之中。于是，她向爸爸表示，如果这件事情不一次性解决，那么以后不仅仅是姑姑，其他亲戚也会跟着凑热闹。而且每当姑姑干涉自己的事，父母就会因此吵架，自己一家本来就是受害者。听她这么说，爸爸也觉得有道理，就同意了她的做法。

3. 大丽和她的表姐，也就是姑姑的孩子提前沟通了自己的想法。听了大丽的想法，表姐的回复只有两个字——赞成。

表姐说，她私下和姑姑说了无数次，不要再管大丽的事了，但是姑姑认为大丽就是自己的孩子，就得操心她的事情。

基于以上考虑，大丽在家庭聚会要散场的时候把上面那番话说了。等她说完后，表姐顺势拉起大丽的姑姑回家了。回家后表姐对姑姑说："看没看见，这就是你多管闲事的后果。"从那以后，姑姑再也没有说过大丽减重的事情。

我们来分析一下大丽的沟通策略。

第一，表达的时机。大丽表达的时机是在饭后离场时。大家吃完饭正准备回家，这时候说最合适，不容易恋战。从客观上来说，大家不会再坐下来继续讨论这件事了。

第二，表达的时长。大丽只用了 1 分钟，不会让大家觉得耽误了时间，即便是着急回家的人，也不差这 1 分钟。

第三，先说事实，再说观点。大丽首先表达了姑姑在家族群里发信息，还总是"@"他们这一基本情况。接下来，指出了家族群里的所有人都因此受到了打扰。本来这是姑姑和他们一家三口之间的事情，经她这么一说，变成姑姑和这个家族群里所有人的事情了。表达了姑姑的行为打扰的不仅是他们一家三口，还有大家。这一招很厉害。

第四，亮观点，不容对方解释，也不给对方任何沟通的机会，直接把话说"死"。大丽完全不想在这件事情上多说一句、多耽误一分钟。这种表达的决绝是强势沟通的关键。

第五，表述精准。"为了我所谓的减重操碎了心"，"所谓"一词的意思是你是这么认为的，但我不这么认为，不能把你的想法强加进我的大脑。这句话从根本上否定了姑姑的说法。"更别'@'我们三个人"，明确指出对方这么做让自己很反感，"更别"二字有力道。"请您以后""这事我只说一遍""不要再管我"，这三个说法像三板斧一样打过去，形成表达上的强势节奏感，给人一定的压迫感。

心理弱势的人在沟通时会担心如果自己进行了强势沟通，会让他人对自己产生不良印象，或者让对方难以接受、下不来台。而大丽的做法对弱势心理的人很有借鉴意义，她没有发泄情绪，没有指责，更没有指桑骂槐，而且没有任何负面的词汇或表达不合适的地方。

与亲戚朋友沟通和职场中同事之间的沟通不一样。同事之间的沟通是先考虑安全因素，再进行信息交换；而亲戚朋友之间，通常是先考虑关系情分，再进行信息交换。

一旦你意识到对方越界，让你产生了不适，你首先需要捍卫的是边界，而不是情感，因为弱势心理的人最容易深陷情感，所以需要先放下情感的羁绊，只考虑边界。边界不是对方划出来的，而是你自己划出来的，你知道边界线在哪里，也需要让对方清楚地看见。

亲戚之间边界意识的缺失，也是最近几年出现的社会议题。年轻人回乡过春节时，被七大姑八大姨追问个人隐私，一些自媒体博主将此类事情拍成短视频，告诉大家如何应对这些情况。在我看来，应对多管闲事的亲戚，可以依托强势沟通的底层逻辑，做好以下三步。

第一步，不要自证。

> 姑姑：大丽，你怎么不减重呀！
>
> 大丽：我减了呀，就是坚持不下来。
>
> 姑姑：坚持不下来，你也得坚持呀！

后面无论大丽怎么回复，都会陷入被对方指责的圈子里出不来。

如果大丽这样回答：

> 姑姑：大丽，你怎么不减重呀！
>
> 大丽：不减。
>
> 姑姑：不减可不行呀，这么胖！
>
> 大丽：不减。
>
> 姑姑：不减找不到对象呀！
>
> 大丽：不减。

注意到了吗？以不变应万变，就是反反复复地说"不减"两个字，这样姑姑绝对拿大丽没办法。因为大丽回答的底层逻辑是**我就是不想和你多说一个字**。在这种情况下，使用强势沟通的重复表达法很管用，让对方越问越没劲，对话进行不下去，对方就不会抓着你不放了。

第二步，岔开话题。 在生活中，你我身边都有"谈话终结者"，无论多么热络的谈话场，只要他一开口，别人就接不住话头。而在这种情况下，我们就要向"谈话终结者"学习，向岔开话题、令对方产生不自在的方向说，斩断对方和你交流的愿望，让对方主动放弃和你说话。

姑姑：大丽，你怎么不减重呀！

大丽：姑姑，我看你脸色不大好，我闺密的妈妈跟你差不多大，她带妈妈去医院一查，完了，我都不敢说了，怕吓到你，你们都是差不多岁数的人。

接下来，如果姑姑还是想讲减重的事，你也可以继续讲闺密妈妈的病情。做到她说她的，你说你的，主打"不在一个赛道上说"，那么这个对话一定是进行不下去的。姑姑也许会对你急，或者拉来其他亲友对你轮番轰炸，没有关系，你的目的是让姑姑别再继续唠叨下去。如果你无法和她翻脸，那就只能采取这样的沟通和表达手段，避免被动，以主动的姿态让对方不想和你继续沟通。

这样，虽然你没说什么难听或不尊重老人家的话，但是你说的这些话肯定让姑姑不安甚至反感。类似的情况出现几次，姑姑就不想多管你的事了，你也无须面对那些不好对付的亲戚了。

第三步，借题反问。

姑姑：大丽，你得减重呀！

大丽：姑姑，你说国家现在提倡年轻人多生孩子，你怎么不生呀？

姑姑：你这不是胡说吗？我这么大年纪怎么生呀！年轻人生孩子，关我什么事。

大丽：我减重也不关你的事呀！哈哈哈！

这种方法需要嬉皮笑脸的态度。你是晚辈，姑姑是长辈，如果你一脸严肃地说，显然有质问和发难的意味，而如果你以开玩笑的方式说出来，姑姑也拿你没办法。这样其他亲戚也开不了口了。如果还是有亲戚就想来和你对抗，那你就可以如法炮制。

保持独立：拒绝情感绑架

心理弱势的人，考虑问题的第一个落脚点，不是事，而是人。

他们常常在心里盘算了成千上万遍，却没有与任何人沟通。

朋友发微信说想借一下你的网球拍，因为前几天他在朋友圈看到你展示新球拍了。

大勇花了 3000 元买了一副新网球拍，自己还一次没用过，朋友想借大勇的新网球拍去上网球课，大勇凭多年打网球的经验，知道朋友作为网球新手，肯定会在练习时磕到拍子，想想都心疼。

假设两个人发生了如下对话。

第一种情况：

朋友：大勇，把网球拍借我用一下。

大勇：哪个网球拍？

朋友：就是前几天你在朋友圈展示的那个。

大勇：那个呀！那是我新买的。

朋友：我就是要借你新买的呀，那个真好看！

大勇：你是新手，用旧的就可以了。我把旧的借给你。

朋友：旧的我不要，发朋友圈不好看。

大勇：你又不会打网球，会把新球拍磕坏的。

朋友：我就比画一下，不真打球。

大勇：你肯定会磕到的，3000多元呢。

朋友：敢情你是舍不得那3000元啊，难道咱俩的关系不值3000元？大勇，我看错你了！

大勇：咱俩的关系肯定值3000元呀！

朋友：值3000元，那你就借给我这3000元的球拍，看你这抠门劲儿。

受不了朋友的挤兑、抱怨，心理弱势的大勇就这么被所谓的友情绑架了。

如果大勇换个思路，坚定地"只借旧的，不借新的"，又会怎样呢？

第二种情况：

朋友：大勇，把网球拍借我用一下。

大勇：我怎么不知道你会打网球呢？（明知故问，延展话题）

朋友：我是不会啊，这不是想学吗？

大勇：训练场不提供球拍吗？（二次延展，引导话题走向）

朋友：体验的人特别多，球拍不够用了。

大勇：那可以两个人用一个呀？（体验课上，很多人球拍碰不到球，磕碰到地上。而且很多人就是比画比画，两个人用一个球拍也可以，帮助对方解决问题）

朋友：我不想和别人合用一个球拍。

大勇：你是新手，用旧拍子比较好。（明确回复对方）

朋友：我就想用你那天在朋友圈展示的新球拍，那个好看。（知道自己无法满足对方的真实意图，所以必须强硬起来，不被裹挟）

大勇：我可以借你一把旧的。（不管对方的诉求，只强调自己的诉求）

朋友：我想借新的，拍照好看。

大勇：我只能借你旧的。（再次强调只能借旧的）

朋友：哎呀，借你一把网球拍怎么那么费劲呀！（对方开始抱怨，但你不要被他的抱怨左右）

大勇：新球拍贵呀，3000多元呢。我只借给你旧的。（明确给出了不出借新球拍的原因）

朋友：我又不会给你弄坏了。

大勇：你肯定不想弄坏，但你是新手，很可能会把球拍磕到地上。（给出最有力的专业回击）

朋友：3000多元还叫多吗？（遭到对方的嘲讽，暗指你很穷）

大勇：我觉得多呀！（强调自己的判断）

朋友：咱俩这交情，连 3000 元都不值？（朋友的抱怨进一步升级）

大勇：咱俩的交情，不值 3000 元的球拍。（不被裹挟）

朋友：你可真抠门儿，那就把旧的借给我吧！

大勇：你一会儿过来取吧！（你说我抠门儿，只要我不认可，抠门儿就不成立）

这位朋友的诉求非常清晰，他要去上网球体验课，想拿大勇的新网球拍在球场拍几张好看的照片发朋友圈。为了达到这个目的，朋友百般要求大勇借给自己新球拍，见大勇不肯，甚至抱怨说友情不值 3000 元。

在第二种情况的对话中，大勇不断引导和把控谈话的方向，从不同的角度打探和判断朋友的真实意图，发现原来朋友仅仅是为了拿着漂亮的球拍去拍照，而不是为了学习打网球。那一刻，大勇已经非常明确地意识到自己不会满足朋友虚荣的需求。那么，接下来的沟通就是要守住底线——只把旧球拍借给朋友。

在守住底线的过程中，你会意识到，因你无法满足对方的诉求，对方的言语会逐步激烈，但此时，你一定不能放松自己的底线，无论对方抛出什么，你只要不认可，对方就拿你没有办法。同时，你也不要因为对方说了狠话，就自我怀疑或产生抵抗情绪。别忘了，现在是朋友求你，情绪失控的应该是他，而不是你。

　　朋友之间互借东西，处理不好，很容易伤感情。

　　你刚买的新车，开了不到一个月，朋友想借出去兜兜风；你买了一件心仪的礼服，朋友说江湖救急，希望你借给她参加公司聚会时穿……遇到这些情况，特别是心理弱势的人，很容易陷入他人的陷阱，所以需要你拿出沟通的艺术，但是你一定不能委屈自己。

　　比如在借网球拍的案例中，朋友说 3000 元不多，但是大勇觉得 3000 元很多。这时候大勇很容易敏感地产生"自己挣钱不多，不如别人混得好"的想法。对方说他抠门儿，如果此时大勇翻旧账，证明自己不是抠门儿的人，谈话的方向就跑偏了。

　　面对他人借东西，我们思考的第一个落脚点，一定是物品对于自己的重要意义，而不是他人使用这一物品的必要性。要关注和强调物品对自己的实用性以及不可替代性，而不要站在对方的立场上思考，更不要自我暗示，自己感动自己。没必要把自己想成雪中送炭的人，因为你不把东西借给别人，并没有错。

　　思考的第二个落脚点，是不过分在意对方的感受。不设想自己这么说会引起对方不高兴或觉得你自私、不义气，不要认为自己拿出来一个可以让对方理解自己的理由，对方就会原谅你。只要你不能满足对方的诉求，你说什么，对方都不会像你希望的那样理解你，因为对方的诉求无法达成。

　　思考的第三个落脚点，是不惧怕被贴标签。很多人之所以明明不想把东西借给别人，拒绝的话却说不出口，就是担心自己被他人贴标签，比如"自私鬼""抠门儿""格局小"。既然人人都有标签，自己又无法控制别人如何贴标签，那就从根本上接纳自己被他人贴标签这件事。自己的东西，不出借是本分，出借是情分。只要你认为自己应该选择不出借，那就不要内耗，只满足自己的"想要"就可以了。

　　所以，不被对方裹挟，坚定地说"我能借给你的只有这个"。

主动引导：塑造健康关系

一些不拘小节的人，他们拿别人的东西、用别人的物品，从来不当回事。你在背后发发牢骚，根本解决不了实质问题，你心里的气和火也消不下去。这是很大的事情吗？也不是。但是长此以往，你的心里就是很别扭。这时，你就需要主动沟通，表明自己的态度。

第一，对于我来说，这不是"小题"。 我的一个学生30多岁了，是电视台里的骨干力量，为人处世很周到。前几天，他给我发来微信，抱怨自己的同事不会做事。他是编导，经常带着五六个人的摄制组去外地工作，工作之余他会自费请大家吃当地的美食。让他没想到的是，那天经过高速服务区，趁着他和实习生上厕所的工夫，几位同事自己掏钱买了饮料，而没给他和实习生买。回到车上后，他给我发了信息，说："老师，我倒不是差那一瓶饮料，我就是觉得这几个人不懂人情世故，我以后不想请他们吃饭了，我留着这钱干什么不好。"

学生之所以给我发信息，就是因为他已经在反思，自己因几瓶饮料就做出这样的决定是不是小题大做，格局小了？

我回复道："我觉得你想得没有错。这几位同事确实做得不对，以他们的行为和你以前对他们的周到，你接下来怎么做都是对的。只要你认为不是'小题'，那就不是'小题'。"

正如本书前文所阐述的那样，"只有我可以评判自己"。只要他自己觉得没有小题大做，那就没有。

第二，"不被他人牵着鼻子走"的表达法。记得上大学时，有位同学借走了我上镜的西装。那个时候大家的经济都不宽裕，在媒体实习，每人也就一两件可以上镜穿的西装，一旦需要多换几件，就只能向同学借了。那是一件绿豆沙色的西装，款式很新颖，我平时都舍不得穿。同学把衣服送回来时，我没在宿舍，她就把衣服放在我的床上了。因为上镜需要化妆，那位同学把粉底液蹭到了我的西装领子上，好像绿豆糕上多了一层厚厚的灰，变得不那么美观了。而她并没有向我道歉，我很生气，犹豫再三，去她宿舍找了她。接下来，我和她的所有对话，都在她宿舍五六个人的围观下进行。在众目睽睽之下说出自己的想法，我清楚地记得那种无形的压迫感，但又不甘心被对方敷衍过去。

　　我：GG 在吗？

　　GG：在呀！

　　我：我借给你的衣服，领子本来是干净的，你还回来怎么这么脏了？

　　GG：我不小心蹭上粉底液了。

　　我：这么脏，我没法穿了呀！

　　GG：领子这么翻着，出镜也看不着，没关系吧！

我：要是拍特写就看到了。

GG：你让特写往这边拍（说着她翻看衣领，发现有一边的领子蹭上的粉底液少）。

我：这不是往哪边拍特写的问题，这是衣服脏的问题。

GG：我经常穿领子上蹭了粉底液的衣服，根本看不出来。

我：你穿是你穿，我的衣服不能这么脏。要不你出干洗费吧！

GG：干洗？你这衣服需要干洗吗？

我：西装肯定要干洗呀！

GG：这洗一下得好几块钱吧，太贵了。

我：再贵也得洗呀，好好的衣服穿成这样。

GG：我借的时候，你这件衣服也不是新的，干洗费我只能出一半。

我：一半就一半。

这是尚未进入社会的我，第一次以社会人的心态与他人展开谈判。

第一，明确指出对方把衣服弄脏了。这一点很关键，绝对不能让对方占上风，比如不能让对方有机会说出"借衣服时就有粉底液"或"还回去的时候衣服领子还是好好的"这种耍赖的话。

第二，在对方说"能继续穿"和我说"不能再继续穿"之间纠缠时，我始终强调衣服领子脏了，就是不能穿了。后来我发现，强调这一诉求非常重要。因为和她谈判很耗费精神。一方面我没有想到她会耍赖，另一方面我还要思考怎么应对她一个又一个的理由。

第三，我采用了折中表达法。我一直强调衣服脏了，需要干洗。对于经济情况都不怎么好的我们来说，干洗费相当于一星期的饭费，所以当她说出一人一半时，我立刻就同意了。在我看来，对方能出一半，我就能少花费一半。

之所以事情过去这么多年，我仍然记忆犹新，是因为这位同学的推脱让我特别诧异。她明明是过错方，却毫无愧疚之意。起初我还觉得自己去找她理论有些不合适，觉得自己应该在借给她衣服的时候就想到会出什么意外，等到真有问题了再找她理论，显得太小家子气了。但在交涉中看到她毫不在意的样子，我决心和她理论到底了。我才不管其他同学怎么看我呢，又不是她们的衣服脏了，是我心爱的衣服脏了呀！我就抱着必须让她出钱的决心和她较起真来。

朋友之间交往，还有一种难处理的事情，就是借钱。特别是朋友借了你的钱，你要把钱要回来的时候，往往会很难。而对于弱势心理的人来说，就更觉得难。

　　燕子是一位典型的讨好型人格的人，她的父亲是做生意的，家里的经济状况时好时坏。初中后，她家道中落，记忆中自己总是在搬家，时不时需要到亲戚家借住，小小年纪就学会了看人脸色行事。她从小学习成绩好，为了能被保送上省里最好的中学，她一直都在努力做老师们喜欢的乖学生。就这样，燕子慢慢形成了讨好型人格。

燕子有一个发小叫小斌，他们的关系一直很好。大学毕业后，他们在不同的城市工作，燕子在一所高校做教师，小斌在媒体做记者。小斌要买车，还差3万元，于是向燕子借了3万元，说好一年后还。

一年后，小斌迟迟没有还钱。借条上写的还钱日期是5月初，然而到了5月底，小斌还没有动静。燕子坐不住了，给我打电话。

我说："这事好办，你直接要呀！"

善解人意的燕子说："他没有主动还钱，会不会他有难处？"

我回答说："即使他有难处，到了还钱的日子，他也应该告诉你原因，而不是像现在这样不吱声。"

燕子说："他这么大的人了，不好意思开口吧？"

我说："你不好意思要，他也不好意思开口。那你们就都闭嘴吧。"

燕子赶紧说："不是，不是。我想开口向他要，但我不知道怎么张嘴好呀。"

我说："无论你怎么去和他说，在小斌看来，就只有一个意思——还钱。"

燕子说："是还钱，可是还钱与还钱还是不一样的。"

我说："本质上都是一样的，只不过不是他主动说要还给你，而是你主动问他要，他才还的。燕子，你琢磨这些有什么用呢？你有在这向我解释的工夫，早问出口了。"

从我和燕子的对话中你可以发现，燕子考虑的问题不是小斌应该还她钱，而是她一直在猜测小斌为什么没有还她钱。虽然燕子来找我商量了，但在我看来，她和我沟通的内容都是自己想象出来的，是没有被任何渠道证实的猜测，显然她是在内耗。

这就是讨好型人格的真实形象，考虑问题的重点不对，导致事情无法正常推进。对燕子来说，最需要改变的不是马上做到强势沟通，而是要先明确如何看待他人欠自己的钱，以及自己作为债权人应该如何行使权利。

燕子又内耗了半个月，到了6月中旬，因为家人生病急需用钱，她没了办法，只能向小斌开口。后来，她把向小斌要钱的过程对我复述了一遍。讲完之后，燕子表示，这次要钱给自己深深地上了一课，讨好型人格让自己成为最大的受害者，她必须改，必须强势起来。

原来，小斌明知道自己应该还钱了，却一直没有还，是因为他以为燕子不急着用钱，如果急着用，燕子就会主动找他了。

燕子对小斌说："我不主动找你，你就不能主动说吗？"

小斌说："从小到大都是这样的呀，你很少主动说什么，你真要干什么，才会说的呀！"

自此以后，燕子变了。她意识到，自己的诉求如果不由自己主动说出来，那也没有人会花时间考虑她的感受。

就像《给人好印象的秘诀》中写的那样，人与人之间的交往分为两个阶段，绝大多数是第一阶段的泛泛之交，很少有人会和你进入第二阶段的深度交流，即便像燕子和小斌那样的发小关系。

这两个案例有一个规律——主动出击。只有主动出击，才是保护自己的最佳策略。你不要像燕子那样，把自己内耗到透支再出击自救，虽然最后确实也达到了目的，但过程会消耗很多个人能量，得不偿失。

那么，主动出击的沟通法是什么呢？

第一，要坚持源头意识。心理弱势的人在与人沟通时，看似卡在了如何表达上，其实卡在了如何想上。就像燕子向小斌要钱，她考虑的不是"小斌不按时还钱且没有向她解释"，而是她自己瞎琢磨出来小斌不还钱的诸多理由。

第二，主动出击不顺利时，不要怕。在做了大量的心理建设后，你可能信心满满地出发了。好不容易开了口，却发现对方在胡搅蛮缠或强词夺理。这时你可能会害怕，甚至想指出对方在撒谎。但是，此时我要提醒你，不要落入对方的陷阱，不要去指责他，要坚持源头意识，回到事情本身。因为你要解决的是问题，而不是指责面前的人言行不一、道德败坏。解决事情有利于你，而指责对方于你无利可言。

第三，让对方觉得你是强势的、认真的。请注意"让对方觉得"这五个字，而不是"你觉得自己很强势、很厉害"。心理弱势的人在生活中不太会向他人展示自己的强势。记得上大学时，我的一位同学就不会使用"强表达"。从通俗的意义上来说，你和他人打架，"呸"地吐了对方一口唾沫，在说"呸"时，会使出浑身的力气，达到吓人一跳的表达效果，这就是"强表达"。结果，我的那位同学在模拟这个场景时，把肺都要咳出来了，也达不到专业老师的要求。老师说他之所以无法做出"强表达"，是因为他的性格太软弱了。

虽然一般意义上的强势，大家可以感知到，但有些强势是不容易让他人意识到的，比如林黛玉的强势，贾宝玉看得出来，史湘云估计就看不出来，就是这个道理。

第四，做好打持久战的准备。很多沟通不是一蹴而就的，不要因一两次沟通不顺畅而放弃自己的想法，不要看到对方强势，自己就败下阵来，也不要看到对方情绪激动或向你求饶，就放弃之前的诉求。

非弱势沟通不是在一次对话中坚持自我，而是在所有的沟通表达中都做到"我嘴说我心"。

第六章

亲密关系中的
非弱势沟通

　　之前看过一项调查，早在 2019 年就有将近五成的单身男女陷入"追爱被动症"。与父辈"60 后""70 后"的"男追女"恋爱方式不同的是，现在有 76% 的男孩懒得为恋爱付出，在他们看来，与他人建立亲密关系是件麻烦事。

　　生活方式的改变，使得两性的相处模式发生了变化。如今，男性不像 20 年前那么愿意追求女性了。为什么呢？有专家指出，以前"男追女"，男性愿意多付出，是因为婚姻对男性的好处更多。而现在不一样了，两性平等，使男性进入婚姻的成本增加，从婚姻中获取的好处比以前少了，所以男性不像以前那样追求女性了。

　　年轻人还是想谈恋爱的，只不过，现在年轻人谈恋爱的方式，好似平行世界的另一面。我最近一直在关注某个脱口秀演员的直播间，在这里可以清晰地看到当下中国男女恋爱的景观图。这个直播间好似情感电台，粉丝可以给主播投稿，倾诉自己在生活和工作中的困扰。在这些倾诉中，有在校大学生的恋爱烦恼；也有全职太太（两个孩子）怀疑丈夫婚前和自己谈恋爱时（六年前）同时在和其他女性交往；还有办公室恋情、异地恋、姐弟恋、婚外情等。现实中普通人的感情生活比电视剧可精彩多了。直播间的看点之一就是投稿人对个人心态的细致描述以及各种让人惊掉下巴的情感经历。从投稿中，我们可以窥视当下的年轻人在社会道德与个人情感、生存诉求与个人利益等问题上的纠结与焦灼。总体来说，很多人的问题源于不会与爱人进行有效的深度情感沟通，而更多人面临的问题是**如何表达自己最真实的情感**。

为什么这个世界上只有他和你最亲密，你们却无法沟通呢？

事实上，久处不厌的关键就是真诚、有效、及时地沟通。

沟通的目的是消除不确定性。恋爱关系也好，婚姻关系也罢，处于亲密关系中的两个人，只有积极沟通，才能进一步减少甚至消除那些看不见但可以感觉到的不确定性。

面对爱情，人们变得愈发谨慎，害怕受到伤害。而两性关系的相处模式，则从"人世间"进入"玫瑰的故事"。

电视剧《人世间》展现的是 20 世纪七八十年代的男女进入婚姻时的情景，由于夫妻双方的成长背景、生活背景都很相似，进入婚姻后的生活带给了他们极大的安全感和确定性。而当下，男女双方由于原生家庭、教育背景、成长经历不同，情感关系中不确定性成分居多。

电视剧《玫瑰的故事》中，主人公玫瑰出身于高知家庭，其丈夫方协文出身于偏远的小城市，虽然他们都在复旦大学读研究生，但是上大学之前的不同生活经历深刻地影响了他们的情感生活。

现在，越来越多的人看到了不确定性给亲密关系带来的现实问题，而这些问题，有的可以通过沟通解决，有的却不能。

我的一个朋友，结婚三年后离婚，原因是女方认为只要是家庭收入就应该由妻子管，因为自己父母家就是这样，妈妈掌管家庭的财政大权。但男方不同意，因为在他们家由爸爸管理家庭收入。这使女方总觉得自己控制不住男方，抓不住他，最终导致了离婚。

我们在选择爱人的时候，从泛泛之交的第一阶段进入深度交流的第二阶段，在信息交换的基础上进入精神层面的交流，在三观契合的基础上建立起深厚情感。从吃饭、看电影、旅行，到进入婚姻，过上柴米油盐的日常生活，我们会发现，自己眼中的那个爱人，很多时候没有那么可爱了。

这里需要提醒的是，与职场中的人际沟通、亲戚朋友间的沟通不同的是，亲密关系中的沟通夹杂着复杂的情感因素。相对而言，沟通的成本也更高一些。比如，一些生活习惯的变化，女方要求男方把脱下来的袜子放在洗衣机里，不要乱丢。其中不只是改变生活习惯的问题，还夹杂着女方对男方情感上的诉求——"你要是爱我，你就应该这么做"。

在亲密关系中，如何强势地表达自我，不被对方以爱的名义裹挟，不再受"恋爱脑"左右呢？

亲密关系是否需要划分边界？如何划分？如何把控以诚相待与保护个人隐私之间的平衡？

生活中出现不合拍时，双方要怎么沟通才好？如何让对方理解"这件事情我不同意，并不意味着我不爱你"？

就像我们出门需要遵守交通规则一样，亲密关系中同样需要建立彼此认可的相处规则。

两个人一起生活，难免会因为生活习惯而发生矛盾。比如丈夫经常把马桶圈弄脏，妻子说了好几次丈夫也没改；妻子在洗手池旁梳完头发，长长的头发散落在水池里，没有及时清理，丈夫有怨言；妻子想结束全职太太的生活出去工作，需要和丈夫谈判；婆婆总是不打招呼就来家里，亟需处理长辈没有边界感之类的问题……

生活中很多长期积累的问题，根源往往是当事人最初对这些问题持模糊态度。

无论是恋爱也好，婚姻也罢，随着交流加深，都需要建立双方认可的相处规则。心理弱势的一方更需要这样的相处规则。否则，两个人长期一起生活，隐忍会成为弱势一方生活的底色。

建立规则：
丑话什么时候说都不晚

我做饭，你刷碗；我洗衣服，你擦地。

在家庭生活中，彼此分担家务是最早也是最应该建立起来的规则。对方不会因为爱你，就要代替你完成一个成年人应该在家庭中履行的责任与义务。

有些人认为，生活琐事无所谓，只要遇到大事能坐下来相互商量就可以了。事实上，小事不商量，遇到大事再征求对方的意见就更难了。

我有个学生，大学毕业后就结婚了，她的丈夫比她大七八岁，对她很照顾，收入也不错，他们住在别墅里。她的丈夫喜欢把家里的花花草草修剪整齐，她觉得这是丈夫的爱好，而且修剪花草也可以陶冶身心，就没有干涉过对方。有一天，她丈夫在没有和她商量的情况下，买回来一个大型的带假山的盆景。这个学生和我诉苦说，自己一进门就吓了一跳。后来，夫妻俩因为这件事情吵了一架。

学生说："我是一个不爱操心家庭琐事的人，很多事情也不往心里去，觉得有人操心就好了。比如他给家里换个吸尘器，或者买了什么物件，虽然没跟我打招呼，但我想着确实也应该换了，就没有发表意见。恰恰是之前的这些事情，导致现在他买了这么大一个物件，也不和我商量。"

我提醒学生说："这次他把假山买回来，木已成舟，你如果抓住不放，就不是解决问题，而是发泄情绪了。如果想改变现状，你应该把沟通的重点放在建立相处规则上。"

于是，这个学生找她丈夫进行了一场谈判，夫妻间进行了下面的对话。

妻子：你这次买假山，为什么不和我商量一下？

丈夫：我以前买东西没和你商量，你不是也没说什么吗？

妻子：以前是以前，现在是现在。

丈夫：现在和以前有什么不一样呀？

妻子：现在和以前不一样了，现在我要求你在做与家庭生活有关的决定前，必须和我商量。

丈夫：现在和你商量也来不及了，东西都买回来了，退不了了。

妻子：东西是退不了了，你不和我商量的这个问题我得说道说道。

丈夫：你想怎么说道呀？

妻子：这次你没和我商量，是不是应该向我道歉？

丈夫：我为什么要向你道歉？之前咱们之间也没有过约定呀！

妻子：之前虽然没有约定，但我是女主人，家里买回来这么大的东西，女主人难道不需要事前知晓？

丈夫：你当然是女主人，但是女主人之前没有管过家里这么多事，家里的事情都是男主人——我管的。我管，所以我说了算。

妻子：你的意思是说，我虽然是女主人，但我不需要发挥女主人的作用？

丈夫：你当然需要发挥，你现在不是就要发挥了吗？

妻子：我发挥得难道不对吗？

丈夫：你发挥得对。

妻子：既然我发挥得对，那从此以后我就要发挥了。

丈夫：好的，我支持你发挥。

妻子：之前我们没有约定，所以从今天开始，家里凡是你想买的东西，小到一个别针，你也得和我商量。

丈夫：你要操这个心吗？你操得了吗？

妻子：我以前不操心，以后我要操心。

丈夫：你别现在吵吵说要操心，等我找你的时候，你又说"这事还问我，你自己不会拿主意吗？"。

妻子：我既然现在对你说了，以后就保证自己该操心的地方，一定做到。

这个妻子这次采用的是主动出击法和折中表达法。面对丈夫长期以来的"一言堂"，她考虑的是自己必须主动出击，来改变相处规则。从现实情况来看，退了假山最好，但现实不允许，她只能退而求其次，要求对方以后大事小情都和自己商量。

她和丈夫谈完后，一五一十地给我讲述了当时的情景。她说："我之前确实没有和他达成类似的协议。所以，这次他也没和我商量。其实建立规则本身不是什么难事，对我来说，从'甩手掌柜'到'操心主妇'，我想向他表达的是自己的态度，否则在这个家，事事都得听他的，这种'听'好像成了一种习惯。这次他买假山的事，我自己也有责任，所以谈判的主要目的就是向他表明我的强势态度。虽然以前没有约定，但是现在说也不晚，绝对不能不说。"

"操心"其实是对家庭事务的参与，她自己可以主动放弃，但别人不能拿走她的权力。更何况，她自己没有完全放弃，她是这个家的女主人，她有权力发表女主人的意见。

俗话说，家不是讲理的地方。但是，在亲密关系中也需要建立一些基本规则，目的是减少矛盾。这个学生说自从这次和丈夫谈判后，她以这一规则为基础，阻止了丈夫做室内壁炉、养鸟、养鹅等很多不靠谱的决定。幸亏自己及时止损，建立了家庭大小事宜一起商量和做决策的规则，否则以后还不知道要发生多少矛盾。虽然在她反驳丈夫这些不靠谱的决定时，他们也会发生争执，但是之前两个人共同建立的规则还是发挥了作用。

爱的边界：以爱的名义也不行

在亲密关系中，迷失自我的人不在少数。很多人明明不喜欢对方的要求，却自欺欺人地认为"因为他爱我，他才会这么说、这么做，我应该理解他"。

你已经意识到了对方在以爱的名义控制你，这种被控制的感觉让你觉得不舒服。从利己的角度考虑，你需要坚定地表达出自己的真实想法。

我的朋友妍妍是四川人，嗜辣如命，一顿饭不吃辣椒都不行。但是，在北京生活的她，一吃辣的食物，脸上就长痘。妍妍是电视节目主持人，需要化妆出镜，可以想象她每天有多么焦虑。嘴过瘾了，脸就遭罪了；脸好看了，嘴又吃亏了。

后来，妍妍谈了一个比自己大七八岁的男朋友小辉。小辉是一位医生，从英国留学回来，在北京的一家医院工作。恋爱了一段时间后，两个人就结婚了，而他们婚后生活的一大考验就是吃饭。

妍妍吃饭的口味是重油重辣，没辣椒就不肯吃饭，而小辉吃饭的口味是少油少盐。家里就两个人，吃饭成了大问题。妍妍的性格大大咧咧，一开始她随着小辉的口味吃饭，觉得口味淡了就在自己的碗里放一勺辣椒酱。小辉总想改变妍妍的饮食习惯，希望她能健康饮食。虽然两个人为此有过矛盾，但也没有因此伤害夫妻感情。

小辉的妈妈来北京住了半个月，她擅长做少油少盐的菜肴。这可把妍妍苦坏了，只好买了几瓶辣椒酱"救命"。

有一天晚上，三个人一起吃饭，妍妍顺势拿起辣椒酱。

婆婆：妍妍，少吃点儿吧，又咸又辣的。

妍妍：妈，我口味重，吃习惯了。

小辉：我们结婚都这么久了，我带着你清淡饮食，你怎么还吃不习惯呢？

妍妍：就是吃不习惯呀！清汤寡水的，怎么吃呀！

婆婆：什么怎么吃？我儿子是医生，他说这样吃健康，我也觉得挺好吃的。

妍妍：妈，您儿子喜欢吃什么，您就喜欢什么。我从小就吃辣，没法跟着他吃。

小辉：你是主持人，脸多重要啊，你一吃辣的脸上就长痘，化妆也遮不住，你自己不知道吗？

妍妍：化妆师总有办法的。

小辉：你只要不吃辣，这些问题就都解决了。你都这么大的人了，怎么不明白道理呢！我是医生，这么专业的意见你都不听，你怎么这么任性呀！

因为当时婆婆在，妍妍不好和小辉理论。等婆婆回老家了，妍妍觉得自己必须找小辉说一说这件事。

　　妍妍：前两天你妈在咱们家住，我就没说什么。现在你妈回去了，吃饭的事情，咱们得说说。

　　小辉：我妈在不在都一样。你就说，这辣椒能不能不吃？

　　妍妍：不能。

　　小辉：你也是有知识、有文化的人，这道理你不懂吗？我是医生，我能害自己的妻子吗？

　　妍妍：你是医生，你专业，你也不会害我。

　　小辉：那你为什么就不能听我的呢？北京干燥，你吃完辣椒容易上火，而且你还是主持人，一吃辣椒脸上就长痘，形象不好。这些你都不在乎吗？认识我之前，你怎么样我不管。但我告诉你，现在你必须听我的。

　　妍妍跟我说起这件事的时候，特别强调丈夫说的这句话——**"现在你必须听我的"**。妍妍说："这句话让我一下子意识到，虽然他的这些理由都成立，但是这种被他人操控的感觉让我特别不舒服。我不想自己的生活被丈夫处处管着，也不想让他来指导我的生活。这太可笑了，虽然他是我的爱人。"

　　妍妍：关于吃辣椒给我带来的这些问题，在我没有认识你之前就存在。你是医生，从专业的角度也给我解释了，但是要不要少吃或不吃，不是由你决定，而是由我决定。

小辉：你的决定是继续吃，我的决定是你不能吃。

妍妍：你不能替我做决定。

小辉：我是你丈夫，我会害你吗？

妍妍：你是我丈夫，你不会害我，但是你不能替我做决定。

听妍妍说到这儿，我插了一句："妍妍，其实你可以下决心少吃一些辣椒，但是你不希望自己被小辉掌控，对吗？"

妍妍点头说道："老师，其实问题已经不是吃不吃辣椒，而是我作为他的妻子，能不能掌控自己的事情了。这次婆婆来北京，我明显意识到她在以女主人的语气和我说话，她觉得房子是他儿子的，这个家应该由他儿子当家，他甚至可以管我的吃喝拉撒。有时候我在想，差不多就行了，生活无须那么较真。我们在一起生活后，我事事顺从对方，可能我这种大大咧咧的生活态度，让对方觉得自己在家庭中处于主导地位，而且觉得我也认可了他这种地位。现在看来，这样不对。"

妍妍与丈夫的沟通采用的是主动出击法和坦然面对法。她和丈夫沟通的前提是，她不想被丈夫操控，不想让丈夫替自己做决定，即便这个决定在很多人眼里是正确的。吃不吃辣椒这件事没那么重要，但妍妍从这件小事中意识到，在建立亲密关系时，一方做决定，另一方必须遵从对方的决定，这个苗头不对。

妍妍说，在与丈夫沟通时，她想让对方意识到，这和吃不吃辣椒没有什么关系。作为妻子，她需要向自己的丈夫传递一个清晰的信号——凡是她自己的事情，做与不做，决定权在她自己的手里，不在对方的手里，小辉不能以丈夫的身份替她做决定，即便这个决定在所有人眼里是正确的，因为能对妍妍自身事务做决定的只能是妍妍自己。

拿回自己对自己的控制权，或者在爱人面前声明"这是我的权力，不是你的，不能因为你是我的爱人，就以为自己有这样的权力"。这是妍妍带给我们的启示。

我的隐私，谁都不能插手

　　如何在亲密关系中保护个人隐私？这一命题具有极强的挑战性。

　　在爱情面前，人们容易在一些原则问题上让步：因为我爱你，所以我可以让你知道我很多不为人知的秘密，我会主动向你抛出更多的个人隐私，这可以从侧面证明我有多么爱你。

　　亲密关系中的两个人，触及对方隐私有一定的便利性。那么，自己的爱人是否具有一定的特权呢？

　　学生小范很老实，大四实习时就因为太老实，被一家公司克扣了工资。正好我与那家公司的领导认识，就帮忙把他的钱要了回来。他已经毕业多年，我们一直保持着联系。小范和小吴经过相亲认识，相处了一段时间，都觉得对方不错，就结婚了。他们来自同一个地方，虽然两个人只相处了一年多就结婚了，但是父辈们都认识，也算是互相知根知底。

　　小范在和小吴相亲前，谈过一个女朋友，两个人的感情很好。那个女孩也是我小课组的成员，当时很多人都看好他们。后来，因女孩要出国留学，而小范已经找到了心仪的工作，两人就分手了。小范之前谈过一个女朋友这件事，他的妻子小吴也知道。有一次，小范参加毕业十年的同学聚会，当时他的前女友也回国工作了，聚会上他们再次相逢。

聚会结束，小范回家后，妻子小吴拐弯抹角地探问谁去参加了聚会，小范知道妻子的那点心思，觉得妻子这么打听实在无聊，两个人为此吵了一架。

小范说，他没想到妻子对自己和前女友一起参加聚会的事情这么在意，那阵势好像他已经犯了什么错似的。这次家庭矛盾让小范意识到，自己必须和妻子好好谈谈。在聚会上，小范得知自己的前女友要到自己所在的公司工作，而且还是自己的直属领导，如果此时不和妻子把话说明白，以后工作应酬或公司团建时再让妻子知道，自己一定没有好日子过。

对于性格懦弱的小范来说，应该怎么和妻子进行这场艰难的谈判呢？小范找我出谋划策。

他说，为了防止妻子给他"写剧本"，他这次的沟通策略是"我的隐私，谁都不能插手"。小吴妻子其实心里也知道小吴和前女友没什么关系，她的本意就是"敲打"他。但在小范看来，这样的"敲打"就是"你认定我是这样的人了"，是对他人格的侮辱，他明明不是这样的人，她凭什么拿她的担心作为事实来评价自己呢？

于是，冷战后的第三天，小范和小吴在家里好好地聊了聊。

　　小范：老婆，之前吵架是我态度不好，我向你道歉。

小吴：态度？你还知道自己的态度不好啊？

小范：你那样说我肯定生气呀！

小吴：我说得不对吗？

小范：你说得当然不对了，我什么也没干呀！

小吴：你是什么也没干，但是你敢保证以后不发生吗？

小范：你看，你也说我现在什么也没干呀！

小吴：我说的不是现在，我说的是以后。

小范：我现在说我以后不会，你相信吗？

小吴：我得看你现在怎么做，才能预测你以后。

小范：你看，这不又说回来了，我们得看现在，现在最重要。

小范说，他和妻子谈判的第一个侧重点就是关注当下。小吴总是担心以后，还把自己想象出来的事情当理由来约束小范。小范觉得，不能让妻子对未来的担心影响他们现在的生活，特别是他自己的生活状态。

小范：我和她大学毕业那年就分手了，咱们一开始谈恋爱时我就和你说过这事。但这次你按照自己的想象和我争吵，这么做不仅伤害了我对你的感情，也伤害了我这个人。我和前女友认识是在你之前，这是我的前一段感情。那段感情结束后，我才开始和你谈恋爱。从我和你谈恋爱到结婚，我没有做出任何出格的事情。现在，你出于担心，把莫须有的事情加在我身上，这是对我的冒犯。我以前的感情生活是我的个人隐私，就像你在和我谈恋爱之前，也有你自己的感情生活一样，那也是你的隐私。我从来没有追问过你的过往，也请你不要追问我的过往，因为我的过往从来没有伤害过你。

小范这么说完，小吴也就没再说什么了。她没想到小范会从这个角度来处理和解决这次吵架。正如小范说的那样，在他们认识之前，各自的感情生活都属于他们自己的隐私，即便现在他们是夫妻了，也不应该把以往的感情生活翻出来作为说辞或把柄来"敲打"对方。

小范说，这次和妻子的沟通，他采用了先礼后兵的谈话策略。

首先，建立谈话通道。 亲密关系之间出现争吵，谁想改变现状，就由谁来搭建对话通道。这次是小范想解决问题，所以就由他主动展开对话。

其次，引导谈话方向。 这次吵架是因为妻子想"敲打"小范，防止小范和前女友要再续前缘。妻子说的话是站不住脚的，但是小范不能一开始就指出这一点，得慢慢引导到这一点上，他得把控他们之间的谈话方向。在沟通中最关键的一点，就是不被他人把控，而小范做到了这一点。小范强调当下生活的重要性。

再次，提醒对方尊重彼此的隐私。 回到本节开头的问题——亲密关系中的两个人，需要在个人隐私上划分边界吗？看到这里，你可以想一想，你的爱人曾经因为你说了什么或做了什么而发脾气？比如你觉得他姐姐穿衣服不好看、他妈妈做饭不好吃，还会拿他的外貌特征来嘲笑他等，虽然你对他的冒犯是无意的，但让对方感到了不悦，而对方感到不悦的地方，就是他划出来的边界。

最后，达成共识。 亲密关系中的一方划出了边界，另一方需要认识到自己应该遵守这个边界，不能因为自己是爱人，就拥有特权，在边界这件事情上，爱人不具有特权。一旦爱人无视这条边界，争执、矛盾就会频繁上演。

小范将"亲密关系中也需要遵守边界"的意识放在了谈判的最后，他知道让妻子认同这个观点很重要，如果妻子无所顾忌地践踏这条边界，势必会影响未来的家庭生活。

我也给小范提出了要求，他划分了自己的边界，也要允许妻子划出她的边界，彼此尊重对方的边界。

我爱你，并不代表你可以评判我的一切。

亲密关系中，同样需要保持独立和自我。

后记

2024 年 8 月 20 日，3A 游戏《黑神话·悟空》上线，游戏中有这样一个场景。

昔年，禅光村有个姓王的刀手，他幼时失怙，母亲养不活他，就送他去山下屠户家当徒工，他因此习得了一身好本事。

这日，刀手去富户家杀猪，主人家多赏了他一条猪腿。刀手想将其送给母亲享用，就连夜赶路回村。

行至半路，见山道旁有人，手持一杆猎叉，着一袭旧布衫，招呼道："阿哥，我是村里的猎户，在这坡下摽兔。夜里有些怕鬼，想与你同行。"

刀手点头答应，二人继续赶路。没多久，"猎户"道："听闻近日山道上闹妖怪哩。"刀手笑道："妖怪有什么好怕的？若是遇着，我就用猪腿抢他，用屠刀砍他。"

又走一阵，"猎户"道："阿哥既不怕妖怪，想必很有本事？"刀手笑道："我自小宰杀畜生，一刀就能切中要害，一劈就能断骨断筋。""猎户"生气道："妖怪怎能和畜生并论？"刀手严肃道："在我看来，世上没有妖怪。替天行道的，都是豪杰；欺负良善的，都是猪狗。"

村子遥遥在望，"猎户"又道："你既不怕我，何不转身看看？"刀手早有所料，抢起猪腿就将其打倒在地，举刀就砍。

那怪早已走了气势，急忙扇开翅膀飞到半空，道："遇到个硬茬，晦气晦气！"骂完立刻逃走了。

咦？都说柿子要拣软的捏，做人还是刚强些好，硬气起来，妖怪都怕你几分哩。

看完本书，再看完这段场景，我想，你应该已经心领神会了。

只有说出来，才能看到沟通的效果。

人际关系的改变，影响着彼此的沟通与交流。

当下，我们与陌生人打交道的机会越来越多，面对陌生人，如果你在沟通中不能坚持自我，就很容易被对方掌控。在与他人建立人际关系之前，首先必须对自己好。在与任何人沟通和交流时，要始终维护个人的利益与情绪需求。

感谢为本书出版付出努力的编辑老师们。感谢我的学生和朋友，谢谢你们和我分享自己的工作、生活和思考，为本书的撰写提供了丰富的素材。

2025 年春，于北京